Una sola Tierra

Una sola

Tierra

*Voces del mundo
por un ambiente sano*

Patricia Schaefer Röder, Editora

Colección Carey

Ediciones Scriba NYC

Una sola Tierra – Voces del mundo por un ambiente sano
Patricia Schaefer Röder, Editora
© 2025 PSR

Ediciones Scriba NYC
Colección Carey – Poesía

Arte de portada: Jorge Muñoz-Schaefer
Diseño de portada: Jorge Muñoz-Schaefer
Diagramación: Scriba NYC
© 2025 Ediciones Scriba NYC

ISBN: 979-8-9997707-1-4

Impresión: Kindle Direct Publishing

Scriba NYC
Soluciones Lingüísticas Integradas
26 Carr. 883, Suite 816
Guaynabo, Puerto Rico 00971
+1 787 2873728
www.scribanyc.com

Diciembre 2025

En honor a Juana Raymundo
Berta Cáceres
Xiye Bastida
Julia Carabias Lillo
Martha Isabel (Pati) Ruíz
Homero Gómez González
Phanor Guazaquillo Peña
Jairo Mora Sandoval
Artemisa Xakriabá
Wangari Maathai
a los activistas ambientales
de Colombia
de México
de Venezuela
de todas las regiones
de esta, nuestra Tierra...

CONTENIDO

PALABRAS DE LA EDITORA

Según la clasificación taxonómica de Linneo, el ser humano, *Homo sapiens*, es parte de la familia Hominidae del reino animal. El nombre de nuestra especie significa "hombre pensante"; es decir, supuestamente somos animales pensantes. Para mí, lo importante de esto es siempre tener presente que nuestro componente físico —nuestro cuerpo animal—, es parte del ambiente natural y está sujeto a las leyes de la naturaleza, lo que significa que solo estamos de paso por este mundo.

La Tierra es el único planeta donde sabemos que se ha gestado la vida como la conocemos, y donde podemos apreciar los maravillosos seres vivos que seguimos descubriendo cada día. La Tierra contiene la naturaleza que nos rodea y, al igual que una madre amorosa, ha permitido nuestro desarrollo como especie al aprovechar sus dones. Nos gusta decir que la Tierra es nuestro hogar y es cierto. Sin embargo, la naturaleza y sus recursos no son propiedad de nadie. En todo caso, el ser humano es parte de la naturaleza y por lo tanto, pertenece a la Tierra, lugar donde habita.

El ser humano es creativo e ingenioso; puede producir obras de gran valor artístico y social, y a la vez es muy peligroso, capaz de destruir no solo el ambiente en que vive, sino también todos los demás ecosistemas del planeta, sin importar qué tan lejos se encuentren. La mayor parte de los avances científicos, intelectuales y sociales que ha logrado la humanidad —en especial en los últimos dos siglos— han sido a costa de la explotación intensiva de los recursos naturales y humanos, y han resultado en el inevitable y tremendo deterioro de su entorno. Es evidente que, en su arrogancia de saberse "pensante", el ser humano se siente superior a los demás elementos del ecosistema, y es ahí donde se equivoca. No ha comprendido que la única manera de sobrevivir es precisamente regresar a su esencia natural, respetar a la Tierra y volver a ser uno con ella.

Todos somos seres humanos, hijos de la misma Tierra. Así que todos debemos tener el mismo derecho a vivir en un ambiente sano, que nos permita desarrollarnos y disfrutar sus recursos de manera lúcida, justa y consciente. Del mismo modo, todos tenemos la obligación de cuidar a nuestra Madre Tierra y todo lo que ella contiene; que aunque no nos pertenece, es nuestra mayor responsabilidad. *Una sola Tierra – Voces del mundo por un ambiente sano* es un poemario que busca sensibilizarnos frente al problema del deterioro ambiental global y sistematizado, para crear nuevas iniciativas que protejan a nuestro planeta, con todos los componentes de su ecología, y así asegurar su futuro.

Esta antología poética artivista es una obra sincera, sensible y clara que reúne las voces diversas de 101 poetas consagrados y noveles de 20 países en América y Europa, que decidieron declarar su preocupación por el estado de salud crítico que atraviesa el ecosistema global. En la edición de los poemas se respetó no solo el estilo lírico de cada autor, también su forma y estética de expresión. Este es un libro de difusión para alertar al lector y animarlo a cuidar el planeta, que es su casa, la casa de todos: *Una sola Tierra*.

Patricia Schaefer Röder

PRÓLOGO

En el vasto universo de nuestra existencia, pocos desafíos son tan apremiantes como la conservación y protección de nuestro hogar, nuestro punto azul pálido. Esta es la definición de nuestro planeta que nos regaló el astrónomo y divulgador científico Carl Sagan, al contemplar la famosa fotografía de la Tierra tomada por la sonda Voyager 1, desde los confines de nuestro sistema solar. En esa diminuta mota de luz, suspendida en un rayo de sol, se halla todo lo que hemos conocido y amado. Es un recordatorio de nuestra fragilidad y la inmensa responsabilidad que tenemos de cuidarnos mutuamente y de preservar el único hogar que siempre hemos conocido.

Desde la perspectiva de un biólogo, consultor y especialista ambiental, esta labor no es solo una vocación profesional, sino un compromiso profundo y cotidiano. Es la "higiene de la Tierra" de la que hablaba *El Principito* (1943, de Antoine de Saint-Exupéry): una disciplina constante para cuidar nuestro pequeño asteroide. El compromiso de cada día, el compromiso de cada acto, es lo que nos llevará a lograr la transformación que deseamos.

La sostenibilidad, en su forma más pura, no es una palabra complicada. Es, como diría el Principito, el arte de cuidar nuestro jardín, para que nuestras rosas no se marchiten y puedan florecer para los viajeros que vendrán. Es la sabiduría de tomar solo lo que necesitamos, de dejar que la Tierra descanse, de asegurar que el asteroide esté siempre sano, para todos.

"El conocimiento nos dará la oportunidad de sobrevivir". Esta poderosa frase de Sylvia Earle resuena en cada página de este libro. Como biólogo, he recorrido diversos "planetas" —desde la investigación y el trabajo en el campo hasta la defensa legal y la consultoría ambiental—, he sido testigo de las amenazas que enfrenta nuestra morada, el planeta Tierra. Los derrames de petróleo, la degradación de los suelos, la contaminación de los ecosistemas, el cambio climático, etc., y la indiferencia ante las advertencias de la naturaleza; son esas las tragedias que nacen de la civilización humana y que, de no ser controladas a tiempo, pueden destruir el planeta. Este libro, en su esencia, es un llamado a la acción disciplinada, a la vigilancia incansable y a la conciencia de que nuestra supervivencia depende de atender estos problemas antes de que se vuelvan inmanejables y que lleguen al punto de no retorno.

He navegado por mares oscuros, no solo en la imaginación, sino observando cómo los derrames de petróleo convierten la vida en una costumbre de muerte y desesperanza en las costas de muchos países. He presenciado cómo los ríos, heridos por la mano del hombre, fluyen hacia un océano que, a pesar de todo, busca ser un "mar de posibilidad y esperanza", resiliente a duras penas para muchos, pero ya en problemas, como han advertido los expertos.

La hermosa metáfora de *El Principito* resuena profundamente en el corazón de esta obra. Nos recuerda que lo esencial es invisible a los ojos. El valor de un ecosistema no se mide solo en cifras o en su utilidad económica, sino en su capacidad para sostener la vida, para sanar heridas y para susurrar misterios que solo el corazón puede escuchar. Este libro nos invita a ver la belleza oculta en un "desierto" de silencio y desaliento para encontrar el manantial de esperanza que se esconde bajo la superficie.

Una sola Tierra – Voces del mundo por un ambiente sano no es una obra más sobre ecología; es una innovadora forma de abordar el tema ambiental. Una sinfonía de voces que, como el susurro del viento en los bosques, narra los misterios y las heridas de nuestro planeta. Es un compendio de sensibilidades y conocimientos que, a través de sus versos y reflexiones, nos confronta con la realidad de los daños ambientales y nos invita a ser parte de la solución. Este libro es un vehículo amigable y accesible para que todos podamos conocer, amar y defender a nuestra Tierra.

La labor de conservación y prospección ambiental no es solitaria. Este libro es el fruto de un trabajo colectivo, de muchas voces y de una verdad que no debe ser olvidada: somos para siempre responsables de aquello que hemos domesticado. Y la Tierra, nuestra única casa, nos ha proporcionado todo. Por ello, debemos defender el derecho humano a un ambiente sano, reivindicar la supervivencia de las comunidades y exigir un progreso que no sea un retroceso para la naturaleza. Que este libro, *Una sola Tierra*, sea una brújula que nos guíe en el camino. Es la cristalización de un compromiso que va más allá de un *currículum* o un título profesional: es la conciencia de que cada acción cuenta, de que cada voz es una estrella que ilumina la oscuridad. Porque, como dijo Albert Einstein, "La vida es muy peligrosa. No por las personas que hacen el mal, sino por las que se sientan a ver lo que pasa". Y el tiempo invertido en cuidar nuestro planeta es lo que le da su verdadero valor.

La poesía contenida en este libro nos recuerda la belleza de nuestro planeta azul pálido y, por ese motivo, nos enfrenta a la verdad de su dolor. Los invito a abrir sus páginas, navegar la poesía de sus versos y unirse a este coro de voces que claman por un futuro habitable, porque en la defensa de una sola Tierra está nuestra única esperanza. Es, al final, la única nave espacial que conocemos que puede sustentar la vida de todos los seres que la habitamos, nuestra pequeña morada que, como el Principito, debemos cuidar con amor y disciplina. ¡Feliz viaje!

Cristina Fiol
Biólogo
Consultora y Especialista Ambiental Independiente
Profesora Universitaria de Formación Ciudadana
Venezuela

Organización de las Naciones Unidas

Declaración Conjunta de los expertos en derechos humanos de las Naciones Unidas para el Día Mundial del Medio Ambiente, 2021

"Es hora de que se reconozca a nivel mundial el derecho humano a un medio ambiente sano, un reconocimiento que puede conducir a políticas más sólidas, a todos los niveles, para proteger nuestro planeta y a nuestros hijos. El derecho a un medio ambiente sano se basa en medidas que garanticen un clima seguro y estable; un medio ambiente libre de tóxicos; aire y agua limpios; y alimentos seguros y nutritivos... ".

María Antonieta Elvira Valdés

España

***

Nuestra única casa

En los bosques profundos
donde susurra el viento
misterios ocultos
que nadie escucha
sufre la naturaleza
lamiendo sus heridas.

Mientras la lluvia
acaricia las ramas quebradas
que miran al cielo
las raíces se aferran con fuerza
a una tierra que vibra
sutil, constante, inmutable.

En un abrazo
de vida y muerte
las hojas caídas se desvanecen
y nutren el suelo
para dar a luz brotes nuevos
verdes, fuertes, infinitos.

Heridos los ríos
por la mano del hombre
siguen fluyendo
desde la madre montaña
limpiando el dolor con sus lágrimas
hacia un mar de posibilidad y esperanza.

En esta Tierra única
hermosa, dolida y resiliente
la naturaleza grita con su canto
de nieve, lluvia y sol
y nos recuerda cada día
que es nuestra única casa.

***

Esta mágica Tierra

¿Por qué buscas en la lejanía
el hogar que tienes bajo tus pies descalzos?
Mis océanos son venas, mis bosques pulmones
acompasados contigo en un único latido.

Mientras te obsesionas con el espacio
mis entrañas sienten nostalgia de tus cuidados.
Yo, que soy tu cuna y tu lecho
olvidada y en silencio me desangro.

No encontrarás en el amplio cosmos
un abrazo más cálido que el mío.
Vuelve la mirada a esta, tu Tierra mágica
pues en mi frágil belleza reside tu destino.

***

El niño y el árbol

¡Hola! Me llamo Álex, ¿tú cómo te llamas?
Me llaman roble
pero en realidad soy el guardián del bosque
el que atesora los secretos del viento
un eterno y empedernido soñador.

¿Dónde está tu mamá?
Mi madre está aquí
abrazada a mis raíces
ese lugar donde te sientas
y donde juegas libremente con tu pelota.

¿Por qué tus hojas son tan verdes?
A que son hermosas, ¿verdad?
Son como esmeraldas
que respiran luz
beben del sol
y se transforman en vida.

¿No te cansas de estar de pie?
Me mantengo por cientos de años
firme, irreverente
en la quietud está mi fuerza.
Aquí estoy para darte sombra y cobijo
y en tu risa encuentro mi descanso.

¿No te aburres aquí tan solo?
Jajaja, ¡pero si nunca estoy solo!
¿Cómo voy a aburrirme si los pájaros
se cobijan en mis brazos y me cantan al amanecer?
¿Cómo sentirme solo si la lluvia me limpia
y el viento viene a contarme sus aventuras?

¿Tienes amigos?
Tengo todos los amigos del mundo, Álex
¡también tú eres mi amigo!
Porque tienes un alma sensible
porque me respetas y me cuidas
y por eso te quiero tanto.

Gabriela Ladrón de Guevara de León

México

***

Tierra Madre

Libre
     fecunda
         agradecida

Con cuidado y cariño
     florece
con trabajo y confianza
     produce
con respeto y atención
     comparte

Generosa con quien la ama
     anfitriona serena
     verde alimenta
     madre morena
belleza eterna

***

Destrucción

Tala voraz
devora bosques
ejército implacable
acaba vida

24

Árboles caen
gigantes de madera
su silencio es grito
de la Madre Tierra

Metal cruel
destroza hogares
aves desvanecen
ecosistemas pierden

Suelo herido
gime sin consuelo
ambición triunfa
cae natura

***

Resiliente

Semilla viaja
en quemante viento
busca espacio
fértil momento

Tierra acoge
pequeña huérfana
anida en su seno
hogar encuentra

Germina poderosa
entre tempestades
agradece a madre
yergue cabeza

Hojas abre
sol ilumina
toca cumbres
reconoce amor

Segura florece
muestra colores
comparte vida
alcanza nubes

Fran Nore

Colombia

***

Hombre de manos grandes

Un hombre que atrapa con su mirada
los horizontes color bronce prismático
Con sus labios la frescura de los frutales
esparcidos por los calmos tránsitos vegetales
de las campiñas
Su cabello ondula al vaivén de timoneles aéreos
Modula cuando los helicópteros se estrellan
unos contra otros en un cielo atropellado
Ese hombre de manos grandes
sujeta el grito libertario de los orígenes
Y sus vestidos resaltan un cuerpo atlético
donde se descubre que es una máquina luchadora
Sus pasos a ciertas moradas inescrutables
auscultan con visor investigador
Su belleza proviene de baños turcos subterráneos
donde fraguó el agua las arcillas imperfectas
Su energía acaramelada
apabulla las músicas ligeras de lo cotidiano
Emana tanta magnética fuerza
que somete con las palmas de las manos
posiblemente con un guiño cómplice
bastante humano para no percibirlo
Ese hombre de las manos grandes aró la tierra
y por eso le da suma importancia a los abrazos

***

27

El hombre verde

Si el hombre no fuera verde
no sembraría un árbol
sus pies son racimos de humus
sus manos y brazos enredaderas
qué decir de sus ojos enmarañados
y sus cabellos recinto de raíces flotantes
todo su cuerpo es de tierra líquida
de líquenes sus huesos
Y la osamenta es de blancas flores marchitas
que piden suplicantes agua para sus pétalos
Y qué decir de su alma vegetal
Y qué decir de sus razones y locuras que no sepan
Y qué decir de su boca que es el zumo
de los elíxires del ofuscado paraíso
Y de su lengua una acacia dadivosa
La verde savia es su sangre cósmica
Y su corazón yace sembrado en las eras

Gloria Suárez

Argentina

***

Naturaleza

Madre Naturaleza, que todo lo sabes
¿por qué dejas que un niño destruya a esa ave?

Ambos han nacido para alegrar el mundo
que día a día está más inmundo
lleno de crueldades
de envidias, dolores, de muertes infames.

Quiero con mis letras defender a todos
que poco a poco se enseñe algún modo
de proteger la vida, los árboles
los animales, los niños y todo.

Madre Naturaleza, ayuda a que todos
defendamos la flor, su perfume
su candor, que es la esencia
de la vida y sinónimo de amor.

Alejandro Pes Casado

España

***

Manantiales

A mis padres.
A Félix Rodríguez de la Fuente.

Manantiales de las fuentes
de ríos en la montaña.
Con sus aguas cristalinas
donde anda la salamandra.

Repletos de vida extraña
en sus cauces fango y algas.
Poblados por los tritones
por renacuajos y ranas.

Donde las águilas vuelan
allá donde hay cascadas.
Para vaquillas y toros
jabalíes y manadas.

Las aguas se hacen tranquilas
en las lomas que desgastan.
El río forma colinas
donde antes hubo montañas.

Va pasando por ciudades
se contaminan las aguas...
Por tanta defecación
donde hubo obra humana.

Vuela el martín pescador
abejarucos, pollas de agua.
La libélula se ama
allá donde encuentra agua.

Donde nada la lubina
entre flores y hojarasca.
Todos hemos olvidado
que el mar empieza en la playa.

El bosque nace en el río
y trepa hacia la montaña.
El río nace en los montes
hasta que en el mar acaba.

¡Qué estampa tengo del llano!
¡Qué estampa de la montaña!
¡Qué estampa tengo del río
hasta que en el mar acaba!

***

Olivos

A mis abuelos

La naturaleza nos brinda
un otoño que late
compases de esponja
y lágrimas de calle.

Los olivos se mojan
con la escarcha que cae
como maná bendigan
la tierra que les atrae.

Ese rocío que empapa
con angustia derramada
gota a gota como un mapa
vino de vena cortada.

Los olivos que chorrean
mecen llorar a ambos lados:
a veces parecen sauces
a veces altivos dragos.

Olivos que bambolean
el crepitar de los años.
Hoy sus ramas saborean
el sudor que trabajaron.

La naturaleza nos brinda
un otoño que late
compases de esponja
y lágrimas de calle.

Juan Fran Núñez Parreño
España

***

La naturaleza

Nuestra casa está en la naturaleza
es ella nuestra más grande riqueza
vivamos con corazón y cabeza.

Aquí todos podemos ser y estar
por ella podemos tener hogar
y en él nos podemos alimentar
y por ella podemos respirar
y este mundo podemos habitar.

Para que nos cuide hemos de cuidarla
y para que nos ame hemos de amarla
la naturaleza hay que respetarla.

***

Abramos los ojos

Compramos la sangre negra
a cambio de nuestra sangre roja
y con sangre negra nos desangramos
y desangramos nuestras tierras
y desangramos nuestros hogares
y desangramos a nuestros hijos
y a los hijos de nuestros hijos
lo sabemos y cerramos los ojos.

Manchamos el azul, quemamos el verde, matamos el color
nos manchamos, nos quemamos, nos matamos
lo sabemos y cerramos los ojos.
El ayer fue y no lo queremos mirar
el hoy está y no lo vemos
el mañana no veremos porque no vendrá
sin conciencia ninguna herencia dejaremos
sin conciencia nada habrá, nada quedará
lo sabemos y cerramos los ojos.
Menos cabeza, menos naturaleza, menos belleza
más pereza, más impureza, más pobreza
menos agua, menos aire, menos pan
más sed, más humo, más hambre
menos risa, menos vida
más derroche, más negocio, más desierto, más muerte
nada es natural, todo está mal
lo sabemos y cerramos los ojos.
Sabemos que nuestro mundo está enfermo
sabemos que mañana será un planeta yermo
abramos los ojos y curémoslo
abramos los ojos y curémonos.

Alvin Alejandro Ortiz

Puerto Rico

***

El catarro de Tierra

De frente hacen frente
árboles que amarran mi costa
cual vellos de mi nariz y filtro para aire

Viene huracán; se enfrenta a mi raíz
hojas y ramas frenan su paso
se salva montaña

Nadé con mar
me cubrió con su manto
el coral me cuidó la piel que me cubre

El aire acondicionado
al natural en mi bohío siempre enfriaba
ahora tengo máquina de hielo y respiro sin gana

Un manto concretado
impermeabilizó mi suelo y secó de sed
ya el agua no llenaba las gargantas de mis cuevas

Aun así observo
que esta, mi... Nuestra... Una sola Tierra
se comienza a "RE–VALORAR"

En antaño y presente
los temblores de Tierra y su fiebre global
aún esperan el remedio natural que de ella parte somos

De la cual respiro y como y bebo y con quien tiemblo
idear que solo tengo una sola Tierra
por eso me toca.

***

TIERRA

Tenemos una
ninguna otra Tierra
tan solo una.

Idear otra
es solo fantasía
no tendré otra.

Es solo esta
es una sola Tierra
tan solo esta.

Respiro Tierra
solo en esta Tierra
como de tierra.

Resaca tiene
por eso Tierra llora
calor y pena.

Aunque todavía
la escucho muy viva
y la siento más.

Julio Núñez Meléndez

Estados Unidos / Puerto Rico

***

Nuestra Tierra sufre

Nuestra naturaleza sufre cambios
llora por descuido
de un arrebato tecnológico sin piedad
y una construcción indiscriminada
de una destrucción masiva de árboles.

Sufre por nuestros sueños futuros
y por no saber cuidarla y quererla
sufren sus árboles y su verdor
por su eliminación sin control.

Sufre por la lluvia contaminada
de su calentamiento global
que castiga con fuerza
su ambiente natural
si la amas y la cuidas vivirás más.

Si proteges sus recursos
tus pulmones sentirán paz
dile no a la contaminación
y ámala de corazón.

***

Naturaleza de vida

A ti, Madre Naturaleza de mil nombres
escribo mis letras con amor
por habernos abrigado
y brindarnos tu vientre natural.

¡Cuán crueles contigo hemos sido!
Contaminamos tus aires
y tus aguas puras
sin saber que son gotas de llanto de vida.

De tus frutos nos alimentamos
y podemos crecer con salud.
No destruyas sus árboles y bosques
si quieres vivir más.

Naturaleza de vida es tu nombre
y te necesito cuidar y proteger
de los cambios del hombre
que te hacen llorar.

Ángel Ricardo Dente

Argentina

***

Tierra

Nuestro jardín: el planeta
que viaja por el espacio.
Es la burbuja terrestre
tan resistente y tan frágil.
En este bello solar
mientras crecen tantas flores
los animales abrevan.
Recojamos frutas frescas
y cantemos en la sombra
de un oasis vegetal.
Cuida a la naturaleza
que nos rodea y protege
con proyectos responsables
y la huella de la vida
continuará en el camino
que otros transitarán.

Alejandro Espinoza Arancibia
Chile

***

Lo importante

En medio de lo terrible descubrimos lo importante
sé que un recuerdo no es una ilusión
porque solo rememoro lo vivido
todos los regalos se perdieron en el tiempo

el verdadero obsequio fue quien me los dio

quisiera haber visto menos del mundo y más de tu sonrisa
las estaciones no son para todos iguales
para mí el verano tiene un mes sin sol
quisiera haber caminado menos y haberte abrazado más
distanciarse no tiene que ver con el espacio
tiene que ver con el olvido
cómo regresarán los colibríes si cortaron todos los
jacarandás
dónde se volverá a reunir la familia si ya no existe el
parronal
quisiera haber hablado menos y haberte entendido más
a veces es difícil ver la verdad
una nube, aunque vaya por el cielo

es un pedazo de mar

Una carretera arrasó con el bosque de álamos

dónde estarán las iniciales que tallamos

sobre las viejas farolas ahora hay un edificio

¿sabrán que sepultaron mis primeros besos?

me inclino ante el viejo pimiento
y me cobija con su sombra de cien generaciones
un columpio sobrevivió a las pisadas del progreso

suelo ir allí para balancearme en los recuerdos

campos de girasoles reemplazados por miles de casas

todos se preguntan por qué ya no hay primaveras

a todos los senderos les pusieron concreto

ahora el águila teme que pavimenten su vuelo

las construcciones invadieron los páramos
exiliando para siempre a los volantines
en poco tiempo más edificarán hasta en las nubes

¿dónde ensayará el cernícalo su danza?

la gente va y viene de las ciudades
en el cemento no se marcan huellas
para reencontrarme contigo entré al viejo cine
pero me recibió un farmacéutico
la banca de la plaza donde canté y lloré solo existe
en mis memorias

La luna de mi pueblo ha olvidado su imagen
ya no hay ríos donde se refleje
por qué el nacimiento de un dios
se celebra cortando un árbol
a cada minuto desaparece un prado
solo habrá mariposas de cemento

cultura desarraigada donde importa más lavar el auto
que regar un árbol
nuestra extinción no será por un cataclismo
ya ha comenzado con la indiferencia
buscan la vida en asombrosos fenómenos

cuando en verdad va en las patas de la abeja

hemos olvidado que la naturaleza puede existir
sin que nadie la contemple
cómo es posible que todas las eras
converjan en este segundo
solo somos visitantes
los bosques son los soberanos de la Tierra
le encendí velas votivas a cada acacio
para venerar su silenciosa divinidad
la soberbia del humano no lo deja ver
que no es más importante
que una semilla

Edwin Colón Pagán

Puerto Rico

***

UNA SOLA TIERRA

Una, sí, una
aunque pienses que hay muchas
solo hay una.

Nunca olvides
mares contaminados
entre horizontes.

Aire drogado
pulmones que agonizan
campos marchitos.

Sola rocía
a las nubes que lloran
azules lágrimas.

Oasis frágil
un mundo desbordado
gime sediento.

Luz que despierta
sembrando nueva vida
¡brotan semillas!

¿Amanecerá
un planeta más puro
si lo abrazamos?

Tierra que muestra
en su alma grietas negras
sangre en raíces.

Infierno asoma
humos de indiferencia
cubren sus cielos.

Ecos que lloran
ríos secos imploran
verdes susurros.

Renace el sueño
si tus manos despiertan
la savia viva.

Rayo de luz
nace vida del suelo
es nuestra aurora.

Abrazo fértil
un planeta que clama
apoyo eterno.

***

MUERTE

Muta el silencio
mar y cielo entre sombras
marchitándose.

Un azul adiós
una noche que llora
única Tierra.

Entre los astros
en eco se convierte
el esqueleto.

Reino animal
reza al sol y a la luna
reaparezcan.

Tiempo no tiene
toda materia muere
tragedia gris.

¿Eco de luz?
Edén late y renace
en la eternidad.

***

VALS DEL MINUTO

Vuelo quebrado
aves buscan refugio
en mi música.

Agonizando
la cuna de los peces
llorando el piano.

Luna apagada
el bosque se despide
luto en mis notas.

Sola la Tierra
pierde sonido el viento
calla el azul.

Desierto triste
giran pasos de muerte
caen las cuerdas.

El metrónomo
marcando va el crimen
con tu silencio.

Lira en mis dedos
la fauna no respira
queda un minuto.

Mueca musical
el hombre ve el reflejo
de su extinción.

Ignorante y cruel
la herida desafina
y nunca sana.

Nublan mis manos
opus Sesenta y cuatro
todo fallece.

Un vals de luto
manantial que silencia
danza la muerte.

Tierra que llora
toca el último acorde
valsa la lluvia.

Obra maestra
un minuto bastará
toca la vida.

Lisét Saura Humbert

Cuba

***

Nuestra Tierra

Es la Tierra, techo, abrigo
luz de ayer, hoy y mañana
con la dulzura que emana
nos alimenta.
Testigo de tanto amor es el trigo
cosechado en armonía
se nos brinda cada día
para poder subsistir
y el pan nuestro compartir
con humildad y alegría.

Queremos tener un suelo
muy firme bajo los pies
conviviendo sin estrés
con la bendición del cielo.
Que las aves, en su vuelo
sean un símbolo de paz
alas libres por demás
en el espacio infinito.
Que se escuche nuestro grito
de no claudicar jamás.

Alcemos en una voz
nuestras plegarias al mundo
que se detenga un segundo
ese consumismo atroz.
¿Podremos decir adiós
algún día a los volcanes
maremotos y huracanes

desbordamientos y sismos?
Son frutos del egoísmo
y sus perennes desmanes.

La Tierra es de aquel, es tuya
es mía, también de todos
hay que cuidar sus recodos
que un loco no la destruya.
Cantemos un aleluya
en defensa de la vida
evitemos la embestida
de quien empaña el cristal
y convierte en lodo y sal
a la Tierra bendecida.

***

La muerte serpentea en los caminos

La piel del universo se desgarra
por la toxicidad del medio ambiente
peligra la existencia de la gente
sucumbe hasta la voz de la guitarra.

Los ríos y los mares no se callan
están atiborrados de desechos
latas y plásticos hay en sus lechos
más otras suciedades que se encallan.

La muerte ansía vernos destruidos
y trata de anular nuestros sentidos.
Desde el amanecer ella nos ronda.

Como serpiente de polietileno
entre gases oculta su veneno
y resulta al final una anaconda.

***

Abrazos de río y mar

Vi danzar entre las olas
latas, vasijas, botellas
como si fueran estrellas
unas juntas, otras solas.
Lloraban las caracolas
por la suciedad del mar.
Los peces quieren nadar
sin algo que contamine
ni peligre ni extermine.
Su sinónimo es matar.

El río al mar da un meloso
abrazo en su recorrido
pero es triste el alarido
que se escucha, es doloroso
advertir tanto destrozo
viajando por la corriente.
Llamemos todos urgente
a la cordura mundial
y que fluya un manantial
de pertenencia en la gente.

Cuidemos nuestro planeta
con un medio ambiente sano
juntemos mano con mano
por un agua limpia y quieta.
Al ritmo de cada aleta
de los peces andaremos.
Bajo el cielo extenderemos
un filtro de paz y amor.
Que reluzca el esplendor
del río y el mar, queremos.

Lady Rojas Benavente
Canadá / Perú

***

De corazón a corazón con la Tierra

Cuerdas musicales de eternidad laten en nuestro planeta
azul–verdoso
¡Oh, oh! Escucha sus palpitaciones vitales
Roja sangre humana fluye y su energía
     enlaza nuestro corazón al corazón de la Pachamama
Aúna una hermosa flor a la otra
     el ser animal cohabita en equilibrio con el mineral
Zenith universal conecta todas sus criaturas
     a su artista creadora
Ondas de amor a nuestra Madre Tierra
     resguardan la naturaleza y nuestra fertilidad humana
Nenúfares flotan y besan las aguas que la acunan y mecen.

***

Vida en movimiento perpetuo

La montaña y el suelo se mueven constantemente
El hombre extrae gas, petróleo y carbón de sus entrañas
El mar y los ríos se agitan
con las tempestades y los sunamis
En las profundidades se pasean ballenas, tiburones, belugas
Las nubes desplazan su cabellera canosa en el firmamento
Las lluvias alimentan las cementeras
y los arcoíris adornan el cielo

Cantemos a los copos de nieve alegre que danzan, ágiles y
con donaire
Cantemos al deshielo que surca las ranuras de la verde
germinación
Cantemos a la savia que recorre por los árboles
brindándonos alimentos
Cantemos a la fiesta multicolor de las hojas que bailan y
caen fatigadas

Cantemos al oxígeno que pompea aire fresco
en nuestros pulmones
Cantemos con voz profunda
la protección diaria de nuestra Madre
Cantemos a los ojos, las manos, la cabeza
y la imaginación que la veneran
Cantemos con palabras puras
versos-brotes de hermosura
y ritmos de alianza interior
Cantemos el bienestar de vivir juntos en nuestro
medioambiente limpio de toxinas:
        metales, bosques, animales y humanos

El dios Sol potente irradia y calienta
las semillas de las plantas y de nuestros frutos
¡Que los vapores químicos y el dióxido de carbono
no nos ahoguen ni quemen!
La diosa Luna penetra con su gran ojo
en las profundidades de los océanos
Observa la deforestación salvaje planetaria
y las crisis atmosféricas en la biósfera
Las estrellas desfilan en el cielo
y deslumbran con su peregrinaje nuestras noches

¡Cuidado con la edad glaciar del globo!
¡Queremos y podemos retardar la extinción de la vida!

Salvaguardemos nuestro único tesoro:
la Santa Tierra y sus dones
Por nosotros mismos, nuestros descendientes
y los infantes de la Humanidad.

Enver Bayante

Ecuador

***

El color del Amazonas

Grata expresión
brindó amistad
imágenes fluyeron
hogar de libertad
espacios mágicos
selva tropical
afluentes extensos
encontré la señal
el color del Amazonas
está en las miradas
de buenas personas
que respetan la vida.

***

Río Amazonas

Río Amazonas
inicia en los Andes
incorpora afluentes
con variadas especies.

Hermosos colores
peces, delfines
riqueza natural
extensos paisajes.

Atractivo mundial
turistas, visitantes
disfrutan la selva
vivencias ancestrales.

Preservemos el paraíso
inmenso y fluvial
exista compromiso
amor, magia y poesía.

***

Gritos de horror en la Amazonía

Políticos narcos se mueven sigilosos en el río
por la noche arrastrados en la tierra
entre malezas y arbustos llegan a un sitio
en el medio su presencia repugnante aterra.

En este momento se desata una tormenta
los políticos narcos ingresan a casas nativas
con policías y militares atacan a ocupantes por sorpresa
personas de la aldea están salvajemente lastimadas.

Inescrupulosos violentos agreden a los nativos
pocos escapan en la oscura selva
corren desesperados, pero son alcanzados
mordidos por las bestias de políticos narcos
y su carne es devorada.

Sangre y algunos restos de los cuerpos
se deslizan con el agua de lluvia
hasta un río turbado por el color de los muertos
y los gritos de horror perturban la Amazonía.

Iraldo Ramírez Tapanes

Cuba

***

Duda y esperanza

Llega la lluvia
alegrando el sembradío
de trigo y maizales
las nubes sonríen
al ver las verticales líneas
que adornan la tierra
pero surge una duda
y se mece en el aire
todo cambia, y al cambiar
peligra el sembradío
de trigo y maizales
entonces la tierra
callada y pensativa
suelta un suspiro
alza los ojos y
se encuentra con el horizonte
donde danza la lluvia
que mayo regala
llegando la esperanza
de cualquier color
pero con amor.

***

Deforestación

¿Y llega impetuoso lleno de confusión?
Deforestación.
¿Y la tierra queda atrapada?
Desesperada.
¿Acaso será el final inminente?
Latente.
El desamparo que siente
la triste tierra, que
cuando se ve amenazada
deforestación: peligro latente.

***

La mala hierba

En los arrozales
crece la mala hierba
cuna de plagas
crece en todas partes
arranca suspiros
la cosecha se perderá
si el hombre no interviene
muy pronto, tú lo verás.

Brote y rebrote
manigua y aroma
la mala hierba
teje el paisaje
escabroso del suelo
si el hombre no interviene
muy pronto, tú lo verás.

Aida Díaz Díaz
Puerto Rico

***

Armonía

Amo a mi Tierra.
La que me acurruca entre sus majestuosos atardeceres
y me llena de inspiración.
¡Cuánta armoniosa maravilla nos abraza!
Abrazos eternos que se expanden hasta el amanecer.
Sentimientos llenos de verdor, sueños eternos
inspiración que desde el cielo se apodera del alma
y se adentra en el pecho hasta brotar por cada poro
que como árbol naciente rebosa de felicidad.
Cada árbol es equilibrio
cada ave es melodía sanadora para el alma
cada ser que habita este planeta
debe ser libre como el viento
palpar el tesoro que les pertenece
olfatear el aroma silvestre que les acaricia su alma
y planear a su gusto hasta alcanzar el horizonte azul.
Imágenes verdeazules me abrazan al cerrar el tiempo
mi tiempo.
Fuerza, magia, magnetismo nos ofrecen el equilibrio.
Esta es tu Tierra.
La que te cubre como nido materno
extendiendo el abrazo constante de la fraternidad.
Es tu planeta que grita insistente
su necesidad de abrazo humano
hasta la eternidad.

Gloria López Perera

España

***

Sombras de la ciudad

En la jungla de acero
el humo se eleva
la vida se ciega.
Las calles murmuran
un canto apagado
un eco de prisa
caos desenfrenado.

Los ríos se visten
de un gris desolado.
Y las aguas, antes claras
reflejan una confusión
de plásticos y sueños
que flotan sin rumbo.

Los árboles lloran
su savia se apaga.
Las hojas no reverdecen
y los parques
donde juegan nuestros pequeños
poco a poco se mueren.

Pero en medio del caos
la esperanza florece.
Y en unidad sembramos el cambio
con las semillas de la esperanza.
Las manos enlazadas
y el espíritu encendido.

¡Todavía podemos
salvar nuestro planeta!

***

Los susurros de la Tierra

En un rincón del mundo
el sol se asoma.
Las olas susurran
la brisa se torna pesada.
Un lamento profundo
es la Tierra que grita...
La humanidad no escucha.

Los glaciares lloran
su hielo se quiebra.
Los bosques se apagan
los ríos se secan
y el suelo se agrieta.

Las flores se marchitan
los pájaros callan.
Los cielos se oscurecen
las tormentas estallan.
Mas el tiempo se acelera
y el futuro
cada vez más cercano
se asusta.

Pero aún hay un brillo
una luz en la bruma.
Las manos se unen
pasando de la reacción
a la acción.

¡Escucha!
Cuidemos la Tierra
juntos podemos cambiar su destino.

Levantemos nuestras voces al viento
por un mundo más verde.
Porque en cada latido
en cada suspiro
la madre nos llama
a estar todos unidos.

Mario González Gómez

México

***

Tierra, mar y cielo

Comed los frutos de la tierra
que te sustenta y acoge en tu destino
bríndale mínimos cuidados junto
al sol, aire, lluvia y polinizadores
sustrato que te reproduce, como a
tus hermanos animales y vegetales.

Pugna por esta unidad tripartita
en un solo ente verdadero
y por su equilibrio armonioso
para asegurar el fenómeno
de la vida en la Tierra.

Tierra que es mar y es cielo
su giro y traslaciones regulares
propician fraccionar el tiempo
en cosmovisión de la mente humana.

Planeta, mundo, Tierra...
Naturaleza, medio ambiente, ecosistemas...

Vida simple que evoluciona y rebasa
límites; imitación, dominio, sometimiento...
Sobre explotación de Natura
que regenera el caos...

Retroceso fatal empero reversible
si la humanidad deja de cocear pesebres

si se retoma un origen simple
de hermandad universal
y equilibrio de potencias diferentes
que así se complementen.

Feedback nivelador
   que mantenga la vida
    en plenitud.

Alberto Arecchi

Italia

***

El aliento de la noche

El aliento de la noche
llena mi corazón
con la sabiduría del mundo
y la experiencia de la naturaleza
y percibo la vida
en los momentos más diminutos
de este planeta
a quien no le gusta que lo lastimen
ni le gustan las personas
que explotan los recursos
solo por ambición
para hacerse ricos
cada vez más
a expensas del vecino.

***

Amazonas

Amazonas se está quemando
en un gran, terrible incendio.
La selva primitiva se vuelve humo.
Los pueblos indígenas son exterminados.
Los océanos están contaminados
por plástico y basuras
el hielo polar se está derritiendo.

Ahora amenazan con destruir
incluso los bosques de Alaska...
¡Es la hora de acabar
con el genocidio de los pueblos
y la destrucción indiscriminada
de la naturaleza!
No es suficiente recolectar firmas
incluso fueran millones.
¡No vamos a buscar otro mundo!
Demos a luz a una nueva conciencia
para defender el medio ambiente
nuestro futuro, nuestra Tierra
nuestro único planeta.

Julia M. Toro Acevedo

Estados Unidos / Puerto Rico

***

Abecedario en las raíces

Una nota de auxilio
escrita en los suelos
un lenguaje cifrado
el código que ruega a los cielos
que la nube
no vierta lluvia ácida
sobre los ríos
lagos y humedales
que no sature los poros de la Tierra
con la sangre de sus heridas

Heridas causadas por las lenguas fantasmas
en la tráquea de las chimeneas
tabaco contaminante
que mancha los cielos
como la llanura volcánica
mancha el rostro de la luna

La Tierra grita
los ríos se hacen fango
el mar es un sepulcro
de corales
osos
ballenas...
Hemos llevado a los huesos
nuestro hábitat
dictamos la sentencia:

¡Cadena perpetua para el ciclo del agua!

Bajo un mismo cielo
el hombre mata
mientras profesa creer
en la vida eterna.

***

Huracán

El conocer su trayectoria
anticipa el hambre y la sed
los abastos zozobran
el egoísmo camina descalzo por los pasillos
La lluvia ahoga la garganta en los pueblos
los puentes se desatan de las orillas
caen como coágulos sobre la aorta del río
Los cimientos quedan en los huesos
colapsan años de esfuerzo y trabajo
Las ráfagas tocan el arpegio sobre las utilidades
la luz, el agua, las comunicaciones
se unen a los frutos, ramas, paredes, techos
que yacen en el suelo del desamparo
Los caminos irreconocibles
la esperanza temblorosa
una pobreza comunitaria camina desorientada
toca a la puerta
pide un vaso de agua
Un pedazo de pan se llena de hormigas
la ropa mojada por el miedo
cubre de frío las carnes del mendigo
A cuentagotas
llegan las ayudas
se las fuman como cigarros
escupen los recursos sobre el abandono
La indiferencia gobierna
a oscuras un país

66

El pueblo sediento
los muertos
no caben en la distancia infinita de los números
los zapatos son el tributo a los desaparecidos
enfermos solos
ancianos con hijos pájaros
sus medicamentos vencidos en las tablillas...

El ojo del huracán continúa sobre el cielo
Tierra mía
¿hasta cuándo?

***

Miedos predecibles

Miedo
el que tiene el oso polar
que al salir del agua, el hielo
sea un barco de papel
Miedo
tiene el avestruz
de no poder ubicar la tierra buena
donde enterrar su cabeza
Miedo
el de la mariposa
de quedarse sin la planta
que sostenga su crisálida
Miedo
el del río
que la lluvia le abandone
y su cauce sea un suero de brea
Miedo
el de la ráfaga del viento
que en su furia arrastre
el perfume de las flores contra la roca

Miedo
el de las raíces
que muera su tronco
por no descubrir nutrientes en el suelo
Miedo
el de la serpiente
de envenenar sus colmillos con el pecado
Miedo
el de la araña
de olvidar el patrón de puntos
para el tejido de su tela
Miedo
el de la golondrina
de perder de su pico los magnetorreceptores
y no poder llegar al sur
Miedo
el del arrecife de coral
de morir tan blanco
como el rostro de una geisha
Miedo
el del coquí
de que el gato doméstico
arranque el "quí" a su canto
Miedo
el de las gallinas
que las ratas devoren
sus criaturas amarillas
Miedo
el de las cotorras
que la tormenta arranque sus colores
como las páginas de un libro
Miedo
el reconocer que esta lista
es interminable.

Antje Stehn
Italia / Alemania

***

Vivir sin espejo

Vivir sin espejo
significa vivir sin
la imagen perfecta
de lo impresionante
reencarnación
de todo lo que
nos precedió:
las estrellas de mar
las medusas
el erizo
reunidos en
mi imagen
invertida.

*Traducido por Luz Stella Meija

***

Lombrices de tierra

Niguna máquina algorítmica controla
a quien trabaja en los subterráneos
lentamente, con constancia
dentro de la tierra, poco considerado
con pasillos de defecaciones continuas
y el aburrimiento anulado por inyecciones de dopamina

El cerebro es una especie de Olimpo
con infinitas divinidades
en busca de identidad.
La vulnerabilidad desarrollada durante millones de años
un modelo predictivo
qué te gusta, cuánto te gusta y qué te gustará
la lombriz lo sabe ya.

*Traducido por Eva Laura Testa

***

Convertirse

Soy una entidad fibrosa
que piensa tentaculando
trato de anudar jirones
de sentido en esta maraña de ficltro
de eterna emergencia
me gustaría ser un escalador
que serpenteando se estira
atornillarme al soporte
más cercano
inclinándome hacia delante
hacia el próximo
hacia la aldea
hacia la humanidad
descomponerme
con la ayuda de bacterias y lombrices
convertirme en humus
alimento
para nuevas formas de vida.

*Traducido por Elisabetta Bagli

Magdalena Ugaz

Puerto Rico

***

La nueva Tierra

Arraigada al pasado de los días
como alarido en caracolas
las abejas tatúan piedras
entre el musgo y la sangre seca de ballenas
que desfallecen en ríos y mares.
La nueva Tierra
desdibuja memorias de rinocerontes, lémures
jirafas y lobos rojos
dejan cicatrices ahumadas en glaciares
calzan polvo de huesos y cenizas plásticas multicolores
en tornados y huracanes.
El mundo y sus generaciones
son medusas capitalistas
para vivir.

Esmidia Rodríguez García
España

***

El medio ambiente

Mamá, ¿qué es el medio ambiente?
pregunta un niño a su madre.
Ella le responde tranquilamente
mientras guiña un ojo a su padre.
Es el conjunto de todos los elementos
físicos, químicos y biológicos
en los que a su debido momento
los seres vivos conviven
favoreciendo su interacción
con el gran valor de su conservación
que a todos nos motive.
Porque nos asegura y garantiza
los servicios ambientales
que nos brinda la naturaleza
para satisfacer nuestras necesidades
plantas, humanos y animales
agua, suelo y aire.
Formamos parte de él
y otros también artificiales
urbanísticos y culturales
hechos por la mano del hombre
y aunque esto, hijo, te asombre
un medio ambiente limpio
es fuente de satisfacción
para nuestra salud física y mental
por eso hay que decir no a la contaminación
no a los niveles de CO_2 que provocan deterioro ambiental.

Cultivemos nuestros propios alimentos
sembremos árboles y reutilicemos todo lo que se pueda
con estos sencillos procedimientos
el medio ambiente podemos cuidar
y la vida en el planeta ¡podremos prolongar!

***

Cuidado de las plantas

Los árboles son los pulmones de nuestro planeta
ellos cumplen con una meta
en minimizar los efectos de la erosión
no sé si tienes noción
que las plantas impiden
que las lluvias y el viento
con el terreno terminen.

Fijan la materia orgánica y los nutrientes
en la capa superficial del suelo
donde papá y el abuelo
siembran especies diferentes.
Trigo, arroz, viandas y vegetales
que alimentan a la gente
y también a los animales.
Por eso son el primer eslabón
de la cadena alimenticia
tomemos toda acción
en mantener esta primicia.

Las plantas embellecen los parques y ciudades
proporcionan a nuestros hogares
ventanas, muebles y puertas.
Mantengámonos en alerta
para evitar la tala indiscriminada
o una candela provocada

por manos negligentes
seamos intransigentes
con los que la ley no respetan
pongámonos en acción
proteger los bosques es nuestra meta
porque los árboles son
los pulmones de nuestro planeta.

Baltazar Cordero

Estados Unidos

***

Llegando a Tequis

Reposa el hombre, día de descanso
relaja el cuerpo y a la milpa va
temprano aún el café se antoja
más que impaciente el fogón espera
y en un segundo servido está.

Urge la poda de los mezquites
quita la rama de las orillas
advierte voces de sus vecinos
se acercan pasos que le saludan
sus compañeros, los campesinos.

Juegan baraja, arman cocina
nopal en penca o bien revolcados
camarón en caldo con el pescado
hígado a veces para variar
aroma fuerte ya encebollado.

Y si es el tiempo de los elotes
a la familia hay que acompañar
buena tardeada tranquilo el goce
y cuando en el fuego empieza a asar
campo y ciudad de la mano van.

Cuando sea el tiempo de la cosecha
al pueblo llegan para vender
sus manos fuertes milagro harán
aunque mañana tras el descanso
un nuevo día ¡y a trabajar!

75

***

Latido

Late fuerte el planeta enfurecido
en su órbita mortal de apocalipsis
algunos cuerpos se forman en elipsis
girando por rumbos sin sentido.

Desde lejos el mar surca los cielos
con vientos escoltando a un huracán
carga en la costa las almas que no están
dejando a quien se queda desconsuelo.

El virus más feroz sigue atacando
mientras tiembla la tierra y sus cimientos
los ríos se desbocan, infeliz momento
un cerro se desgaja, un padre está llorando.

Desequilibran los chacras en protesta
el karma se ausenta este noviembre
el templo espera a aquel que siembre
una oración que nadie le contesta.

Oremos ya, al unísono y con fe
en una sola voz por los difuntos
y alguna vez diremos todos juntos:
es solo un mal recuerdo, y ya se fue.

María José Mures

España

***

Naturaleza

Dime, sabia Naturaleza
¿por qué la gente te oculta
coloreándote ojos, labios?
Su melancólica belleza
refleja un alma enferma
—quieren lo que no poseen
y lo que poseen, no lo quieren—.

Disfrazan tu grandeza
torturan tu gracia.
Pero tú... Siempre natural, libre
salvaje como flor en tierra.
Te dejo mi disquisición
en tu puro aire, mas seguiré
contemplando
la ansiedad en su pasión.

***

Agricultor

Agricultor
no sólo sientes tú el agua
porque moje tu campo
o tú, ganadero
porque beba tu ganado.

El poeta se moja y bebe
del agua que cae.
El agua lo sienta en su pluma
y le hace pensar, mirar
escribir su poesía.
La poesía
está bañada de agua.

¡Agricultor alegre
por el agua que moja tu campo
esa agua que fertiliza tu fruto!
Cuando tú estás alegre
yo soy una pluma melancólica
—cansada, muerta—
pero viva.

Sylvette Cabrera Nieves

Puerto Rico

***

Tierra Madre

Te lastiman
te maltratan
te agreden
y luego se lamentan.
Mientras el mundo gira
como una estrella perdida
en la vastedad del firmamento
y la gente se distrae en nimiedades
sin consagrar la importancia
de los recursos naturales.
En ese derecho inalienable que tenemos
a un ambiente sano y a promulgar
que los bosques guarden sus corazones húmedos
limpios el suelo, las aguas y el aire.
Para sanear la fauna, la flora y los mares
tenemos que actuar como férreos militantes
sin flaquear o doblar rodillas ni dar tregua
pues es nuestro deber restaurarte, Tierra Madre.

***

¿Quiénes?

¿Qué será del planeta si no lo cuidamos?
De los abastos de agua si solo los contaminamos
y no protegemos con leyes o sanciones más severas
para ayudar los acuíferos, embalses, manglares
estuarios, lagunas, ríos y mares...

¿Quién protegerá la fiesta del alba, la lluvia y su arcoíris?
¿Cómo frenamos los gases tóxicos para sanear el aire?
¿Cómo cuidamos de las mariposas para que vuelen sanas
y libres de contaminación y altas temperaturas en
primavera?
¿Cómo propagar el mensaje de cambio
en la conciencia de otros
para que los cultivos y las flores
puedan ser polinizados sin problemas
y hagan su función las nobles abejas?
¿Quiénes vigilarán el hábitat y el bienestar de nuestras aves?
¿Y cómo conservaremos la diversidad de los animales?
¿Quiénes defenderán los árboles que crecen en el bosque?
¿Quiénes perpetuarán el activismo ambiental?
¿Cómo frenamos a los grandes intereses
quienes desmantelan y subastan las riquezas naturales
para perseguir beneficios privados y particulares?
Ojalá desarrollemos pronto verdaderas garras universales
en los reglamentos y leyes para defender de la aniquilación
a la Naturaleza y crear nuevas soluciones
pues esta es la casa universal de todos y no podemos
perderla.

Néstor Quadri

Argentina

***

Alegato por la vida

Aparece el sol naciente
tras la aurora condenada
por una bruma impregnada
de humo denso y persistente.
Y en esa espera paciente
que llegue el atardecer
el sol poniente al caer
se ve oscuro en el ocaso
y es seguro que a este paso
la vida ha de fenecer.

Con aires contaminados
las flores empalidecen
no hay mariposas que besen
a capullos chamuscados.
En los árboles talados
no hay aves que los aniden
y los peces no conviven
en el agua maloliente.
¡Depredar el medio ambiente
es matar a los que viven!

Si en nuestra Tierra querida
se contamina el ambiente
se hace el clima más caliente
y se apuñala la vida.

Se daña con esa herida
el hábitat de la gente
y como se hace creciente
el aire polucionado
el mundo globalizado
debe actuar urgentemente.

Cristina Godoy
Estados Unidos / Argentina

***

Indiferencia

Los oídos son sordos
al grito de la Tierra
nadie percibe el llanto
de los mares
un profundo silencio
aísla el abatir del aire
el mundo agoniza
y solo existe indiferencia.

Jun Sun Oh!

México

***

Ya no puedo más

Estoy cansada de las grietas
grietas que abren mi cuerpo
para drenar mi espíritu lleno de flores marchitas.
Flores que maquillan la violencia de rosa
rosa el color de la sangre que emanan mis venas
llenas de petróleo y minerales.
Minerales que son absorbidos
por mentes petrificadas en burbujas.
Burbujas de aire que reflejan los mares hechos basura.
Basura en todas las partes de mi cuerpo
mi cuerpo en un péndulo tendido en descomposición.
Descomposición del aire
no puedo ver el cielo.
Cielo descubierto por talas masivas.
Masivas montañas de plástico
plástico e incendios forestales.
Forestales que miran *icebergs* hechos jugo
jugo que extraen de mis senos
senos descubiertos sin su capa de ozono.
Ozono cubierto de ácido.
Ácido y gases verdes.
Verdes llanuras que han sido robadas
a mis hijos animales que están siendo mutilados.
Mutiladas raíces de mi tierra.
Tierra sin agua
agua en guerra.
Guerra contra las temperaturas infernales
infernales lluvias secas.

Ya no puedo más.
Soy Tierra
y nadie ha venido a salvarme.

***

El deseo de la Madre Naturaleza

Yo no quiero edificios sobre mis cabellos de nube
yo no quiero automóviles rondando sobre mi piel
no quiero bolsas
                    residuos
                            o partículas en mi garganta.
No quiero botellas de plástico para celebrar mi muerte
ni quiero pavimentar las calles para ocultar mi cuerpo.
No quiero llenar mis muslos con centros comerciales
ni destruir el hábitat de mis senos
para transformarlos en historia calcinada.
No quiero mirar el cielo hecho grumos grises.
Tampoco quiero fiestas inundadas de basura.
No quiero lujos desechables
no me interesa la plata.
Yo solo quiero vivir.

***

Un día

Los animales serán un recuerdo.
El viento se llevará sus sonidos
al rincón del silencio.
El mar hundirá sus colores
a las profundidades del abismo.
El fuego convertirá sus huellas en cenizas
y derretirá cada indicio de su calor.

La Tierra destruirá sus pueblos milenarios
se llevará sus frutos benditos.
Y no hay duda:
nosotros somos los culpables.

Rodolfo Pérez-Luna
Chile

***

Génesis de los mares

Esculpida por faena de dardos
un rescoldo martilla la tercera roca.
Trufa candente sopla su llanto de brasas.

Descienden vapores ruines.
Rostros gaseosos
diluvian todo montículo
canta la sal su propio poema.
Rigen los sulfuros
　　　nuevos laberintos
el verdor turquesa
　　　serpentea valles.

Vuelve su costra
la guardiana plateada
culmina piadosa...
Enjambres de islas germinan sin fin.
Reúnen la ira fecunda.
Estalla una gloria de azufre caléndula.

Irrumpen grietas a dentelladas.
Sus fondos vomitan embalses
zafiros de neón
　　　en alquimia cegadora.

Piedras negras secuestran lágrimas sepulcrales
cuya euforia blanquea lo intocable.

Arranca feroz un hambre de hielo
polo a polo
muro tras muro
trópico de cara a su opuesto.

El escudo de luz
en cuerpo de esfera
resiste 15 millones de vueltas.

Hollín de fumarolas cosecha el milagro
cultiva cráteres
despedaza gélidos mantos
sucumben colosos albinos.
Sortea la espuma vital su paraíso flotante.
Primogénita
             memoria
                    oceánica.

***

Cordillera Transantártica

De cara al imán
donde sucumben los meridianos.
Cicatriz del último eje.
Guarida de los tres silencios.
Rompevientres
para el escudo inhóspito
lumbrera en azur y pedernales.

A vivaz amparo
del candil supremo
los ojos de un petrel
riegan asombro
hacia la albura titánica.
La memoria glaciar
         graba todo planeo.

Líquenes, musgo, roquerío
se hermanan.
Luminiscencias encogen vapores.
Brota llovizna endeble
baña el cuerpo de la tarima prodigiosa.

Una palidez nácar
colorea la Gran Muralla opalina.
La estación cruenta
anima nuevas caravanas.
Padres pingüino
voltean al rumbo *kamikaze*
zanja común de los polluelos.

Desploma un refrigerio
el ímpetu en furia–tobogán.
Torbellina el frenesí de ráfagas.
Silba el conjuro de nevazones.
Ventiscas por enjambres
siembran el arrojo inclemente.

Soberbia serranía inmaculada.
Solitario útero de témpanos.
Perla nival.
Bóveda–iris
a la que socorren tres océanos.

***

Antartandes

Rueda la Patagonia Sur
el vórtice de un caballo marino.
A dentelladas de nieve
forja macizos
la península austral de los confines.

Furtivo, tras un duelo entusiasta
yace el eslabón de la selva valdiviana.

Antartandes viene a mi memoria...

Cuando la gran argamasa
sella su fermento
            para prodigios boscosos.
Quinta confluencia jurásica.
Crisol de mandíbulas salvajes
supremo abrigo
donde mega araucarias
y míticas palmeras
murmuran con torres de helechos.

Un hambre sulfuriosa
rompe millones
de vuelcos silentes.

Zarpa en frenesí el estuario.
Un nuevo mar
propaga su naufragio.
Brotan tus cráteres
que florecidos
llevas al sótano del Atlántico.

Hipercán a remolino vivo
furia rumbo al destierro
secuestra la fauna marsupial.

Gatilla una joroba
            la madre de Tasmania.
Remolcan cumbres vertebradas
serpentean hecatombes.

La daga–ojiva
celebra el desembarque:

caparazones culebreros
saurios feroces
el audaz reptil quetzal
enmudecen
      frente a la exaltación
      de los Andes.

En vértigo de alianzas
un delirio incontenible
empotra 600 raudales amazónicos
      en un santiamén.
Centrifuga el viento del oeste.
La espuma confiere su lugar
al muro de hielo.
Glaciares en cuadrilla
ostentan su debut.

Fumarolas se zambullen
al infortunio.

El arca cordillera
sobreviene anfibia
saltimbanquis relojes de arena
      aves carboníferas
circunnavegan su esqueleto.

Entre témpanos
y vigas recónditas
aguarda el esplendor
de otro tiempo.

Dorso esfinge.
Bulto nodriza.
Escondrijo para el cormorán.
Sostén–placenta
      de nuestra América.

Susi Velasco

Alemania

***

Fotosíntesis

Un rayo de sol
en la arena cayó
a la flor le sonrió
y a mí me enrojeció.

Sembrando
semillas de girasol
nocturnas
gráciles duermen
en la oscuridad
crecen.

Madrugando
al son del sol
la abeja visita la flor
emulando al sol
mano a mano
como camaleón.

Resiliencia
en cada polen
miel néctar
de los dioses.

Abeja reina
sin ti no hay vida
por ti sigue la vida
mi miedo huye
con tu aletear.

Cultivos
purificando
el frágil éter
vital respiro
germen por
el cual yo vivo.

**

Ciclo de vida

Verano indiano
hojas secas
descienden
amarillo
naranja, rojo
tapiz solar
jardín tramar.

Otoño
melancólico
árbol pelado
resiste lluvia.
Invierno fresco
acumula
savia bruta
ramas nutre.

Bosque, fauna
sabana, montaña
refugio macro
gusanos
hormigas
bichos raros

microcosmos
alimenta humus
compost crea.

Primavera
el solsticio
estival
circulantes
agua, hojas
transporta
raíz, tallos
florecen
estaciones
y ciclos yo
reciclo.

Raúl Alvarado Bustos

Colombia

***

Divorcio anunciado

El día quebró en humo
y tú, Tierra
te borraste entre gris difuso
dejándome fisuras secas
en ojos que ya no claman.
Mis palmas
—escombros que tiemblan—
te ofrecieron flores efímeras
un ramo quebradizo
de promesas tóxicas.
Te hablé
en un idioma de hollín
sílabas desgarradas
que la lluvia devolvió
en afonías plásticas.
¿Debería culparte?
Viví
ignorando tus señales
teñido de certezas huecas.
Ahora, esta tarde
quiero beber tu perdón
acariciar tu verde olivo...
Pero soy
absurda ceniza.

***

Una gota que se agota

Fluye
alma líquida
exuda venas que escapan...
Entre bisbiseos de roca
gemidos que ajen siglos.
Cabalga.
Latidos desnudos
cicatrices que engullen sombras.
La lluvia vacila:
¿morir en ciudades ciegas
o fundirse en el polvo sin memoria?
El río:
        fractales sangrantes
        voces que desgarran su lengua rota.
Y el agua, lóbrega, contesta:
        Soy cumbres que se desvanecen
        fugas atrapadas en cascadas mutiladas.
        Soy hambre que talla cristales
        en un abismo innombrable.
Cuando el cauce sea olvido
cuando la brasa consuma el recuerdo
quizá
tal vez
el agua
se pierda.

***

Asamblea letárgica

La isla residual convoca.
Llegan sin sopor.
Plástico
fósil translúcido

96

se pliega y pulsa
prepotente:
"Soy perpetuo"
retumba efímero.
Pilas palaciegas
pálidas
lixivian incrédulas...
Gotas ácidas
sin arrepentimiento.
El monóxido susurra
ambrosía negra
se cuela en pulmones partidos.
Pinta
borra
satura la vida.
El océano
presencia costrosa y convulsa
bosteza
—era azul—.
Meras ideas
olvido.
Silencio.
El plástico solloza.
Ríe.
Ríe.

Yuray Tolentino Hevia

Cuba

***

Poema a la Tierra

Madre Tierra
frente a los crucigramas
hago rodar los dados
en la mesa sitiada por cuchillos.
El hombre camina
se estropea
sueña
carga pólvora en la mirada
envuelve mentiras en cajas de regalos
y busca un acorde para una canción de amor.

Madre Tierra
desnuda de ironías
con el sudor de mis abuelos
camino sobre ti
en mi Isla de frutas jugosas
carbón
y hojas que arden a la intemperie
dueñas del humo.
Espejismo
polvo de barrio
salitre.

Madre Tierra
un día iré a ti
y espero que me perdones.

A veces olvidé tus heridas
por mi oficio de escriba.
Soy humana y el traje de superhéroe
—a cada rato— tiene que ser lavado al sol.

***

Gogyoshi interiores

1
Tengo tierra bajo mis uñas
y los carbones de la abuela en las pupilas.
Tengo un tiempo pasado que me habla al oído
y me pide no morir.
Sembrar nuevos laberintos de amor y fe.

2
Llevo en mis alas el vuelo del cisne
las metáforas de mi tierra
y el llanto del bebé al nacer.
Bien sé que no puedo cambiar el mundo
pero giro la ruleta de la paz con mis manos.

3
Escribe poeta sobre la piel
que en cada hueco de tu alma
florezcan las palabras y el romerillo
y no dejes de poner en la balanza
las alas, el agua y el camino.

***

S/T

Debajo de esta piel está la naturaleza
que a golpes de gritos derrama sus dolores
en un frío calambre que me sacude los huesos.

Tomo las cántaras cubiertas de telaraña
y las lleno de agua de mar
de esa agua salobre
donde brillan las lucecitas ocultas
de las estrellas
y el galopar misterioso de los caballitos.

Voy a limpiar el mundo y mi casa
de adentro hacia afuera
con la bendición de mis *eggums*
y el signo 6-5, *Obara She*
del *dilogun* de los caracoles.

Nery Santos Gómez
Estados Unidos / Venezuela

***

Colibríes del azúcar

Errantes vuelan los colibríes
alas de magia y destellos.
Buscan flores en campos vacíos
pardos desiertos en duelo.

Ágiles guardianes alados
pequeños pastores de savia
gráciles llevan en sus picos
el polen que la vida hilvana.

Se adentran en patios ajenos
sus picos rozando cristales
y encuentran refugio en balcones
en manos de dulces mortales.

El néctar de vida y natura
es ahora un dulce prestado.
Queda el eco de un bosque soñado
Sin flores, jardín silenciado.

***

Un grito en oración

Un llanto amargo brota de la Tierra herida
y escapa por los ojos del volcán.
Arrasa el cultivo en río caliente y angustioso.
El invierno se derrite
las flores se congelan.

Las abejas se fosilizan con las lágrimas hirvientes
el mar seco deja una alfombra de coral
que no puede digerir el oso.
A la Tierra le convulsiona el pecho
y se resquebraja su piel.
Vuelan enloquecidas las langostas
confirmando versos apocalípticos.
Cae la congoja sobre la Tierra y
se recoge en el lago
en manto gris, como piel de elefante
se evapora.
Opaca el brillo del mundo.
Se derrama en lluvia ácida.
Envenena.
Ruge un trueno pidiendo auxilio
le responde un relámpago con destellos de inusitada
claridad.
Un girasol confundido se estira nostálgico.
El último pez salta en el charco.
Una fumarola sale del volcán como un suspiro.
El hombre desde la cueva de piedra grita una oración.

Pedro Yajure Mejía

Chile / Venezuela

***

Humano irracional

El sol de flores
ya cobija los páramos.
Llega la nieve.

La ciudad clama
aire limpio y tan puro
para la vida.

Lloran los mares
sus aguas turbias, sucias.
También los peces.

Seca la tierra.
Las plantas marchitan.
Nace un desierto.

Extinción animal
la muerte es anunciada.
Llega el silencio.

Solo un culpable
el ser humano malo.
Torpe, sí, torpe.

***

Mi Tierra

Tierra, mi Tierra
manantial de agua fresca
para beber.
Bellos sus climas
nieve, lluvia, calor
y su verano.
Tierra plantada
de verde primavera
ríen las flores.
Los animales
retozan en sus bosques
están felices.
La tierra y el aire
oxígeno vital
para la vida.
Un hombre verde
es guardián de la Tierra.
La ama, la quiere.

Lidia Corcione Crescini

Colombia

***

Tierra

Humedeces con tu llanto
el milagro de estar viva.
Acunas, sacias
cada mañana derramas
tu cascada cristalina
ondeas mi anatomía
lavas mi piel
abres caminos de sonoridad cósmica
balanceas mi humanidad a pesar de tu fatiga
tu grito y lamento sin eco
se revelan en lenguas de fuego devorando todo.
Eres leche para beber
manantial en patio
vigilia en playa
un viaje sin descanso.
Abro mis ojos
te siento, te huelo
escucho tu voz
me visto de colores.

Alimentas con miel de tus abejas
sanas heridas con el canto de la cigarra.
Un trébol de cuatro hojas abre la esperanza
arrojas nubes con figuras
anunciación y génesis
olor a incienso.

Cavilo dádivas
congregan y penetran el bandullo
un caballito de mar
trenzado en círculos
gesta movimientos geométricos
dando a luz este poema.
¡Salvación!

***

Súplica

Escucho la voz de los
árboles
mares
vientos.
Ansían parir
flores
peces
vuelos.
Presienten
el beso de los insectos
el canto de los ríos
el abrazo de los pájaros.

Frágil
hoja de otoño
colibrí, libélula
viento
acantilado
fluyen en mí
iluminan mi camino
en lenguaje de sortilegios.

Dixon Acosta Medellín

Colombia

***

Poema marciano

Saludos, Marte Rojo:
Soy un curioso robot
enviado desde el planeta vecino
me piden preguntarte:

¿Acaso tuviste bosques azules
y un camino amarillo
rumbo a la Ciudad Esmeralda?

¿Por casualidad navegaste
entre canales y fuentes
rebosantes de agua?

¿Cobijaste animales y plantas
que respiraban aire limpio
entre montañas y mares?

Hago mil preguntas por día
que la brisa escarlata
me devuelve sin respuesta.

Paso mis noches con insomnio
contando ovejas eléctricas
forradas con lana colombiana.

No me programaron sueño
así que vivo en eterno duermevela
entre fotos, números y letras.

107

Estoy condenado a ver
el horizonte plagado de estrellas
y toneladas de basura espacial.

Suspiro cuando alguna vez
se insinúa aquel planeta azul
que desde aquí se aprecia tranquilo.

No hay motivo para creer
que haya tormentas distintas
a las de huracanes y escritores.

Quién pensaría que se trata
de un horno con la llama en bajo
que va a paso lento o rápido.

Dependiendo del cambio climático
y del temperamento humano
que en unos años será tu espejo:

Silencioso pedregal bermejo.

Circo trágico que va rodando
por este oscuro vecindario
tan grandilocuente, tan sinfín.

Me gustaría aprender una oración
y agradecer al buen creador
que me envió al desierto carmesí.

Salvándome del destino trágico
de los que lean esto allá abajo.

Gilda Guimeras Pareja

Cuba

***

Tiempo I

El tiempo nos observa
igual que hace cien años jugar al viejo juego
de domesticar ríos
que tornan a su cauce al volverles la espalda
nos ve arrastrar a campos de exterminio masivo
a animales inermes
aventar las cenizas de lo que un día fueron
árboles centenarios.
Se asombra de encontrarnos
anclados en la altura de hace ya tantos años
sin alcanzar siquiera
el borde de un espejo donde atisbar los signos
de ese depredador que nos habita
al sur del maquillaje.
Sin sospechar que nunca
podrán tornarse eternos los días y los años:
que acabarán más tarde
que no quedará tiempo.
Y pide que crezcamos
primero en un susurro y luego en alaridos
que hacen rugir el viento
elevarse las aguas
que estremecen la Tierra.
Entonces nos descubre sordos, indiferentes
petulantes, suicidas
ajenos al desastre.

***

Tiempo II

Después de tanto viaje por mundos paralelos
cercanos y factibles
por tiempos en que todo poseía respuesta
—inusitados tiempos—
faltaría nacer
una nueva mañana al olor de la hierba
el bosque, la manzana
sumergirme en la lluvia
conocer la existencia
del código binario y la tabla periódica.
Reconstruir la historia
ir en busca del nailon náufrago que no espera
acción de salvamento
acompañar al gen que sueña en su probeta
un cuerpo inalcanzable.

Recién he descubierto la fibra de cristal
menuda y transparente
con que me enlazo al tiempo
los espacios inermes
llamados a aferrarse sin remedio a la Tierra.
No sé si bastará
esa vuelta hacia el sol
si habrá oportunidad de volver a intentarlo.

Celia Karina San Felipe

Estados Unidos

***

PLAN ECO

¡Plomo tiene el
agua! ¿Qué se hará con
el arsénico?

Las abejas nos
alertan de peligros
que nos acechan.

Alteraron los
ciclos de la vida con
los pesticidas.

Nos arriesga... El
no ponerle límites
a los residuos.

Emisiones son
violaciones a nuevas
generaciones.

Cumplimientos y
estrategias faltan con
los monóxidos.

O_2 al índice
del daño UV, se lo ve
con gases crecer.

***

POLÍTICAS

Políticas de
cacería ilegal
¿cuándo cambiarán?

Oso polar y
oso panda, ballenas
y leopardos.

Las especies y
su reloj del fin mundial
en cuentas están...

Ínclitas aguas
deberían quitar tus
islas plásticas.

Tú y las leyes
¿qué hacen por las aguas
de navegación?

¡Ingenieros con
sus soluciones contra
las radiaciones!

Clima, tema de
obligatoriedad en
los políticos.

A los incendios
ponerlos contrarios del
aire externo.

Subterráneas
fuentes, no más inyección
de profundidad.

Emilio Gómez

España

***

Dulce de vida

Si sirves a la Naturaleza,
ella te servirá a ti.

Confucio

Cuando miro al cielo
con la miel en los labios
y no te encuentro
siempre te hago por buscar
y te hallo entre el néctar
de las amadas flores
en el infinito sueño
de mil colores
en la sonrisa pulsionada
de una arraigada tierra
que aprendiste a enamorar.

Antófilo levanta el vuelo
enjambre de biodiversidad
endulzas los sinsabores
ornando con cálido linaje
regalías de amor a las flores
coleccionista de festivos honores
de mensaje primaveral.
Colmenas que atesoran sueños
que sostienen con secreto natural
el orden de los mortales
dadores de humanidad.

Marisol Pontón Martínez

Puerto Rico

***

La evolución del planeta

En este mundo complejo
una población terrenal
padece de enfermedades
difíciles de sanar.

Yo habito en Siete Mares
la isla que va a colapsar
y todos nos hemos unido
esperando el gran final.

Nuestro terreno está cediendo
convirtiéndose en un lodazal
donde el verdor de las plantas
se marchita sin cesar.

El clima afecta el ambiente
el calor, a los seres vivientes
el calentamiento global
al planeta y a su gente.

Los animales sin rumbo fijo
demuestran a diario pavor
ejemplificando un cansancio
que nos llena de terror.

Una cuestión del pasado
a todos nos vino a quitar
el sueño por los derechos
que tuvimos que rescatar.

Si todos nos unimos
y cuidamos el ambiente
salvaremos al planeta
de esta crisis vigente.

***

Nuestra Tierra

Los gases son la raíz
el petróleo el origen fósil
y la contaminación, una
emisión dañina para el
medioambiente y su gente.

El medioambiente se crea
donde se desarrolla la vida
permitiéndonos interactuar
con la naturaleza viva.

En el espacio físico ambiental
se desarrollan varias bacterias
que a diario están contagiando
a quienes la muerte espera.

Los valores socioculturales
ayudan a erradicar el mal
que se avecina a punto
de explosionar, impactando
a una gran colectividad.

La naturaleza de la vida
es la forma existencial
que no difiere en lo absoluto
de nuestra capacidad sensorial.

Es importante seleccionar

los grupos sustentables
tomando en consideración
las diferencias individuales
sin perjudicar sus derechos
siendo justos e imparciales.

Todos nos hemos unido
en una sola misión
desterrar del ambiente
a quien llegó a despojar
a nuestras comunidades
de su santo hogar.

Nicole Foldi Martínez

Puerto Rico

***

ECOANSIEDAD

Extinciones por
montones, ya el calor
caza los seres.

Conciencia, ¡ay! Me
quemas como los fuegos
inapagables.

¿Opacarán los
cielos nuestras humeras
avariciosas?

¿Acaso será
posible evitar el
magno desastre?

No quiero morir
por la sed o por viento
huracanado.

Sueño no volver
a escuchar la súplica
del ahogado.

¿Intuir? No, yo sé.
He visto los números
y ya no duermo.

Escribo versos.
¿Provocaré con ellos
un cambio nuevo?

Daría todo.
Quiero equivocarme.
Ojalá que sí.

Alma angustiosa
quiere salir del cuerpo
morar muy lejos.

Dios, tú sálvame.
Vivir llena de nervios
es vivir menos.

***

Extraño mi árbol

Extraño mi árbol
con sus ramas bellas
llenas de flores frescas
albergando vida en pétalos de seda.

Extraño mi árbol
lo cortaron por conveniencia.
A veces sufrimos de demencia
quitando vida a lo que nos sustenta.

Extraño mi árbol
alto y resiliente.
Por años, soldado en frente.
Resistió María e Irene
para ser degollado de forma silente.

Extraño mi árbol
detesto su muerte.
Me siento tan impotente.
No logro frenar el deceso
de todo lo que amo y quiero.

Extraño mi árbol
aunque mío nunca fue.
Allí está nuestro error.
Asignando dueño
a lo que no tiene señor.

Por definición, son salvajes, libres.
Merecen crecer altos, sin límites.
Sus hojas, tocar nubes blancas y grises.
Dando sombra en días tristes y felices.

Ya no veo mariposas ni abejas.
Sus viejas casas, marchitas quedan.
Ya no oigo ni trinos ni cantos.
Ya hasta se fueron los pájaros.

Extraño mi árbol
ya no existe halago
que pueda hacerme sentir algo.
Parte de mí murió con él.
¿Qué será de nosotros?
Yo no lo sé.

***

Atabey

Madre de mis ancestros
tu nombre, casi perdido al tiempo.

Por favor, regresa de nuevo.
Mira tus criaturas, faltas de aliento.

Los bosques quedaron deformes.
Solo el Yunque retiene su nombre.
Cambiaron de la tierra sus rasgos
montes fueron convertidos en llanos.

Tus campos, antes llenos de flores
envueltos en plástico y cartones.
Desviaron el rumbo de los ríos
y se quejan cuando vuelven a su destino.

Cambiaron el mar cristalino
por uno lleno de desperdicios.
Y tus mangles sagrados
por hoteles con turistas descalzos.

Te impusieron una adopción forzosa
de criaturas que ni creaste, ni te tocan:
iguanas, guacamayos, mangostas
caimanes, peces con espinas filosas.

Madre, de ti se roban hasta la arena.
Las playas perturbadas quedan.
No hay región que quede virgen.
En esta isla, te ultrajan y oprimen.

A pesar de todo, apiádate de nosotros.
Somos hijos de tus retoños.
Descendientes de la raza caída
llenos de mitocondria taína.

Que vuelvan los amantes de las flores
las mariposas y los polinizadores.

Que salgan a lucir sus plumas los pájaros
que canten cotorras y guabairos.

Que haya luces de noche por campos
bailen niños al son de cucubanos.

Que los anfibios retomen el mando
con sapos conchos y coquís dorados.

Que las bahías imiten cielo
con claridad de espejo perfecto.

Que se alcen los castillos sumergidos
con sus guardianes de caparazón cobrizo.

Que las costas se llenen de sirenas
aquellas que Colón les dijo feas.

Que renazca la naturaleza entera
desde la costa hasta la sierra.

Te lo pedimos, Atabey la bella
madre de las Antillas, suprema.

José Luis Marín Aranda

España

***

La creación

Agua

La mar creación divina
de frágiles cristales de agua
hoy quiero escribirte unos versos
dejarlos brotar de mi alma.

Cuán triste es navegar el azul
que ayer fue conquista y espada
brisa en la tarde, viento en la noche
contaminado y negro en la mañana.

Agua que me traes la vida
agua que por el río bajas
del mar evocas secretos
y en la mar secretos guardas.
Cuánta poesía en tu flujo
cuántos sueños y palabras.

¿Habrá alguien que por amor
limpiar quisiera la arena al alba?
Soledad, silencio, abandono.
¿Quién acudirá a la llamada?
Hoy alzo mi grito a los cielos
hoy quiero tener esperanza.

Tierra

Me gusta ver cómo crece la hierba
cómo el árbol madura su fruto
me gusta el sendero, el río y la fuente
me gusta la roca, la espiga, el arbusto...
Me gusta el campo, la lluvia y el rocío
me gusta del bosque su embrujo
me gusta el valle, el monte y la ribera
me gusta del campo el olor de los surcos.

Y sin embargo...
Huyo del hombre que insaciable destruye
su nido, que arruina su mundo
cuán lamentable es ver cómo la Tierra
cada día se viste de luto.

Penosa la tarea del hombre escondido y oculto
qué triste su papel de paladín y verdugo.

Aire

Qué me importan las cosas de la vida
qué me importa en la Tierra haber nacido
qué me importan las níveas mañanas
si a morir voy del aire sin oxígeno...
Si a morir vengo del aire enrarecido.

Aún se queja el bosque de los humos
del verano, quién, quién quemó los pinos.
Intangible eres, don preciado y eco
de mi voz lastimera en el suspiro
de un ¡basta ya! del fuego sin control.
Dónde la quietud... Dímelo, mi amigo...
Quién no cuida el aire que respiro.

Tú, aire, esencia invisible que sin dueño
habitas el espacio en que vivimos
déjame susurrarte una quimera
quizá sea mi sueño, mi delirio
quizá sea ilusión mi desatino.

Hoy, deshecho, manchado el horizonte
el aire, destrozado sin sentido
contaminado, rota su limpieza...
¿Tendrá mañana amor? ¿Será cobijo
de todos...? ¿Dejará de estar cautivo?

Anabelle Madden
Venezuela / Costa Rica

***

Eco del futuro

En cada gota de agua, un susurro del tiempo
un canto que clama por vida seductora.
Ríos serpentean con sabiduría antigua
naciendo y muriendo en nuestra piel
que respira.

Árboles centinelas, raíces de la tierra
bajo sombras generosas, la locura y la exaltación.
Hojas que murmuran secretos al viento
guardianas del mañana, del presente y
del aliento.

Seres que sueñan en selvas y praderas
miradas inocentes, memorias verdaderas.
Diversidad en ecosistemas, belleza del paisaje.
Sus voces entrelazadas en un canto universal
un llamado a la armonía, un pacto natural.

El clima, susurro eterno de la Tierra viva
cambia y se transforma, mientras la existencia
se renueva. Tierra, te sentimos en el alma
el calor del Sol, el abrazo de la lluvia, los arcoíris
pueden convertirse en leyenda.

Nuevas generaciones, herederas de este suelo
custodios del mañana, arquitectos del cielo.
Cuidar la Naturaleza, misión sagrada y pura
un acto de amor, esperanza en la espesura.

Una sola Tierra, el eco de su voz
unimos corazones, guiados por su luz.
Que nuestras manos sean suaves
nuestros actos sinceros y en cada paso
dado, el cuidado verdadero.

***

Entonces poblamos la Tierra

Una joya, con su luna, engarzada en el espacio.
Y descubrimos que todo era nuevo:
las luces amarillas en los ojos del tigre
las jugosas fresas y su corte de azahares
la siesta de los osos y las boas enroscándose
en sensual abrazo.
Eran lozanos los melones y el sabor delicado de la miel.
Eran fuertes y libres los caballos en las praderas
y el río bajando por las montañas con sus alas de espuma.
Era nueva la gota de rocío en las amapolas del amanecer
y las guacamayas con sus alas de banderas.
Era nueva la bruma y los árboles altos, poderosos
y la flauta del viento.
Era limpio y libre el aire.
Las ardillas curiosas, los indígenas y sus rituales.
Eran nuevos aquellos poemas del pasado
y hasta los besos sabían a huertos.
Eran nuevas las tortugas con su escudo de carey.
Los delfines rosados. La inmensidad del mar
y su risa de misterio.
Eran tan adorables las playas vírgenes.
Y conquistamos las cumbres, los valles, la alegría.
Todo era un banquete exquisito. Un regalo sublime.
Un azul de ensueño.

Entonces poblamos la Tierra, nos reproducimos
inventamos...
Todo se fue perdiendo.
Todo se fue transformando, envejeciendo y muriendo.
El cóndor vigilante de las cumbres, los celajes del Sol
las manadas de tristes animales.
La música del agua, los pájaros y sus largas travesías.
Ya no se veían las estrellas y la luna estaba fatigada.
Se fue perdiendo el aroma insinuante de la vida
y el perfume de las flores.
La piel de los habitantes reseca como hojas de otoño.
Marchita como el mundo y su alma.
Las selvas fueron desiertos.
Las garrafas de hielo se extinguieron
y los océanos explotaron de furia.
Se levantaron montañas de escombros
y no había sustento para tantos seres.
Y las madres lloraron y los niños gritaron
y el hombre no se había dado cuenta.

***

Nunca se sabe

Nunca se sabe lo que piensa el hombre
incansable andariego buscando tesoros ocultos
rompiendo sueños, exterminando
robando riquezas naturales.

Y así, la libertad del viento se vuelve camino
como un soplo divino anunciando esta sentencia:
"Cuiden la Tierra".

Elige una estrella y siembra árboles, jazmines
y rosas y vendrán los pájaros con sus mil cantos.

Otros seres exóticos de gran hermosura
entre mariposas azules correrán alegres
y todo será un sueño de quietud
y esperanza mientras el hombre despierta.

Juntemos plantas de hojas anchas
entre piedras y riachuelos
y los niños irán guardando un mundo
de curiosidades y ansias
para curar las heridas de los habitantes
del mar y la tierra.

Despierta, humanidad, de tu letargo profundo.
Abraza la vida, protege tu mundo.
La naturaleza llama, susurra en la brisa
la esperanza renace
la Tierra necesita manos que la cuiden
corazones que amen para salvar su esencia
para sanar el espíritu de cada pasajero
de esta nave azul que va por el cielo
en perfecto equilibrio
mirando las estrellas.

Silvia Margoth Ruiz Moreno

Guatemala

***

Milenaria

Cuando veo el mar
me encadeno a ti
Tierra de mi amor
reina de miríadas de existencias

Cuánto tiempo llevas encima
milenaria
y yo apenas unos cuantos lustros
cuánto has visto y vivido

Diosa de mi mundo
pero entristezco
cuánto daño
creo ha sido sin quererlo

Son los afanes de cada quien
ambiciones de cada quien
te sienten así tan suya
que hacen de las suyas

Créeme, es sin quererlo
o será lo contrario
no puedo aceptar lo frívolos
o crueles que somos

No, me parece todo como espejismo
pero la vanidad y sentirnos impecables
nos llena de desfachatez
y la víctima tú, Tierra, como siempre

Y luces linda
generosa, bondadosa
mas no ingenua

Mas tus hijos
el clima
la naturaleza
demás seres vivos
van mostrando

Su faz
voraz
y ante ello
ni preparados estamos

Causa de nuestras
negligencias
y altivez de amos
reyes, poderosos

Y nuestra débil fuerza
ante la tuya, se aplaca
y nuestro dolor asoma
tarde comprendemos el valor de tu existencia

Por eso ahora
me empalago con el color azul
tuyo, visto más allá del cielo azul
latinoamericana soy, pero me inspiras tú

Mi corazón no es de oro
simple músculo
pero vibrante por ti, Tierra Mundo
vengo del Quetzal Mundo

Alma
quetzal maya
de ancestros mayas
milenarios tal cual la Tierra Milenaria

Y si los ángeles no lloran
yo sí, por ti
al verte casi devastada
y tu naturaleza actúa ahora así, errática

Milenaria
y todo ha cambiado para ti, Tierra
inimaginable
difícil de entender

¿Por qué?

Te abrazo
desde mi bohío
envuélveme en ti
para no verte sufrir

Tierra milenaria
¡perdónanos!
Tal vez no sabemos lo que te hacemos

Tierra milenaria
única
como ese amor que te profeso.

Dora Luz Muñoz de Cobo
Colombia

***

Enjambre polifónico

Palpo en el bosque
el secreto de húmeda tierra
me enraízo en ti
el viento me susurra
las vibraciones de tus árboles
sus diálogos en murmullos
lenguaje universal.
Percibo el amor fúngico
tu red en abrazo vegetal
hay protección en el agua.
¿Cuántas historias me podrías contar?
¿A cuántos enfermos has sanado?
¿A cuántos amigos has socorrido con tu savia?
¿A cuántos has deleitado con tus frutos y cobijo?
Tus raíces son enjambre polifónico
notas del micelio, en do mayor
cantos de aves discurren varios mundos
follajes danzan con sombras largas
el roce de tu corteza impregna tu olor
en mi conexión de amor infinita.
Llega el allegro
sabiduría emerge al liberar agua
masa forestal amazónica
te conviertes en río volador, alucinas
¡Oda a la Alegría en ti, Madre Tierra!

***

Soy el Amazonas

Soy el Paranatinga
"El rey de los ríos".
Soy en guaraní
el Paranaguasú.

Soy germen de vida
soy selva y en mí habita
todo el aire del mundo.

Soy casa de jaguares, anacondas
anguilas eléctricas y micos
y urdimbre de lianas.

Soy magia de astros.
Soy alborozo al ver entrar el sol
por hilillos
arriba en las copas
de la inmensidad milenaria
de mis árboles.

Gozo el sonido
de las canoas por mi cauce.

Soy un río mar
toda mi agua
es como si fuera
una gran maloca
sagrada.

En mí reina la flora
de heliconias lotos
y victorias regias
ofrenda de fragancias
a los delfines rosados.

Soy agua dulce
de la dulzura de la Madre Tierra.

Cada chamán, cada taita, cada jaibaná
me reza y protege
con humo de tabaco
y savia de árboles sobrenaturales.

Soy canto de guacamayos.
Soy un río que se levanta
y habla
por la cuenca de mis emanaciones
que saluda
en cada amanecer
a la galaxia.

***

Colombia: la casa de la biodiversidad

Quisiera convertirme en libélula
viajar por la red de vida de mi patria
ver surgir los santuarios
de flora y fauna de especies
atravesar sus océanos
discurrir en su interior.

Al batir de mis alas
dejarme llevar
por las corrientes del Pacífico
llegar a Gorgona
Bahía Málaga, Malpelo
ver el nacimiento
de las ballenas jorobadas
en Utría.

Cruzar hasta el Caribe
llegar a la ciudad perdida
al parque Tayrona
otear la niebla
de las Cumbres Nevadas
y el cortejo de árboles
a la orilla del mar.

Internarme
en la Cordillera Oriental
hasta alcanzar
los colosos blancos del Cocuy
y perderme en la selva
con los Uwa en el sagrado terruño.

Buscar
el piedemonte andino
en la selva amazónica
aspirar el embrujo
de las rocas entrelazadas
al divisar
"la que ha sido bendecida"
La Macarena.

Llegar
al punto de encuentro
del equilibrio natural andino
amazónico y orinocense
enmudecer y deleitar el espíritu
ante el esplendor del Caño Cristales
los cánticos ancestrales
flautas de pan en el agua
de su río de los siete colores.

Escuchar
el tambor indio
de la tierra
de los Tiniguas y los Carijonas
adivinar la casa del jaguar
del sol y la luna.

Esthela García Macías

Ecuador

***

Madre Naturaleza

Se sumergen mis ojos en el horizonte
y la mirada no alcanza a contemplar el infinito
que besa con dulzura la inmensidad del cielo
y pienso
que no alcanza a entender conciencia alguna
la imponente presencia de la fiel Naturaleza.
Hombres necios que la arrasan indolentes
y han lastimado su heredad.

Ella siempre lo dio todo
la mancillaron y preñaron
y entregó generosa su simiente
perforaron sus rocas más adustas
y extrajeron la riqueza de su entraña
devastaron sus selvas y sus bosques
y levantaron en su lugar grandes ciudades.
La modernidad da beneficio al hombre
sacrificando especies de plantas y animales.

Hoy hay un lamento cotidiano
por el aire enrarecido
por el daño que ha vencido
la fuerza del entorno.

Mucho es lo que se ha dicho sobre ella
poemas y alabanzas en su nombre
discursos elocuentes

sobre esta tierra de entrañas generosas
sobre su vientre fértil de eterno beneficio.
Muchas canciones de alabanza
a la madre del agua, del viento y del rocío
a su figura de montañas y de valles
a su aroma de páramo, de campo y mar
a sus ríos y vertientes, cascadas y cañadas.

Pero todo lo que se ha hecho
no alcanza a defender la herencia
que se nos entregó con mano abierta.

Hoy el hombre vislumbra claramente
la consecuencia de su olvido y su desdén
de su indolencia ejecutada en su razón.
Hoy en su conciencia se preocupa
por mitigar el daño que ha causado
y rescatar lo que de ella queda.

Se sumergen mis ojos en el horizonte
y la mirada no alcanza a contemplar el infinito
que besa con dulzura la inmensidad del cielo
y siento
que mi alma se acongoja y entristece
y un par de lágrimas acompañan mi dolor
por lo que he podido hacer y no hago
por salvar el pedazo de vida que le queda
a esta, mi fiel Naturaleza.

**

Es uno solo

Las cosas que conocemos como nuestras
en el agua y la tierra que pisamos
nos han dado el pan sobre la mesa

y los frutos que alimentan mente y cuerpo.
¿Qué hemos hecho para devolver
lo que nos hemos quitado?

Si los paraísos que mantienen vivo al mundo
son golpeados por la mano indiferente
durante siglos y siglos de páginas iguales
de imágenes que hoy son más cercanas.
Tanta gente muriendo de hambre y sed
porque la tierra no da pan, porque se quema
porque el río se seca y muere sucio
y el que llega al mar, lleva consigo la hediondez
del hombre
y enfurece al mundo
y provoca su ira y la del viento
que someten sin piedad la frágil voluntad
del mismísimo indolente.

Nuestros hijos no merecen tal herencia
la suma de los "alguien"
debemos hacer algo
para que la tierra vuelva a florecer
que los prados recuperen su color
que emerja la magia de los bosques
que la nieve abrace los nevados otra vez
que el agua limpia llegue al mar
que se pueda respirar
sin que el aire perfore los pulmones
que los pájaros dejen de morir sin nido
que no se tenga que ver seres salvajes
haciendo suyas las selvas de cemento.

¡Algo! No sé
pero que mate la ignominia del poder.

Llamemos al de afuera
al que vive en las estrellas
el de los siglos infinitos
que hoy nos ve con estupor negándose a volver.

Clamemos, imploremos de rodillas
pero mientras lo hacemos
sumando voluntades, tomemos las riendas del planeta
y ¡hagamos algo de una vez!
Porque el planeta es uno
pero es de todos.

Victoria Riquelme

Chile

***

Cerúleo

¿Cuántas veces fuiste azul, Tierra?
Estabas allí, en el agua, en el cielo
en el trago borracho y coqueto
en el zafiro.

En las pastillas alucinógenas
en la luz neón del pecado
en la tinta del lápiz, el esmalte de uñas
en el topacio.

El champú azul pegado en la cerámica húmeda
en la menta fresca de la mañana
en la flor, su tallo
su brote en la turmalina.

En la muerte, en la piel podrida.
En la asfixia del placer.
¿Cuántas veces fuiste azul, tierra y vida?
En la cicatriz de la justicia también estabas.

En el último respiro azul
en el listón de mi cajón de muerta
en las flores azules que crecen en mi tumba.
En el atardecer azul, que contemplé tanto
y que se extendió a mis pies
y me dio la serenidad que da el rizoma.

***

Ñamku

El ruido humano devora mi cerebro
cuando creí que al fin lograba respirar
mi alma nuevamente es una mazmorra.
No es mi pesar solamente, lágrimas saladas
hieren la piel agrietada.
¿Quién querría matar al hombre que habla con los pájaros?

Somos los herederos del bautismo bajo la cascada:
agua cristalina
tela de araña enrollada en la muñeca
tejiendo el sagrado abrigo.
Somos ritual de plantas sagradas, herederos del chakay:
agua de árbol con espinas
reencarnación del pasado torturado.
¿Quién querría matar a la mujer que habla con la lluvia?

Somos aleteo, infinito, milagroso pequeño picaflor
cobijado en cabellos de nido.
Somos los nacidos bajo la luna nueva
naciendo bajo la tierra.
De allí, de allí nos levantamos y caminamos
somos cuerpos muertos de cansancio
orilla de fuego de piedra que se quema
volcán humeante que todo lo sabe.
¿Quién querría matar al anciano que habla con los árboles?

Salve _ñamku_ a mi pueblo
te invoco tres veces
con los brazos abiertos
golpeando la tierra húmeda
con mis pies en el barro.

***

Lo sutil y delicado de la roca

El idioma antiguo de las rocas ha sido tallado por el alfa.
¿Por qué no leemos a las la rocas?
En ellas están los signos, las primeras palabras
el primer símbolo que se volvió sonido en la lengua.

¿Han visto una roca agujereada por el agua?
Siglos y siglos de punzante tortura
con el trago amargo del desgaste, la volvió única.
¿Han mirado al sol por el agujero de la piedra?

El cadáver atrapado adentro de la roca: el preciado fósil
se divide, se rompe y de este, minúsculas partículas ancianas
vuelven a respirar en mis pulmones nuevos de asombro.
Y la tierra antigua y guardada respira en mis carcajadas.

Me camuflo tan bien en las rocas, que mi corazón vive
en todas las piedras de tonos amables: hostiles también.
Cuidemos el Reino Tierra.
Somos valientes, estamos de pie, en la piedra del pigmento.
Regresemos al núcleo del idioma:
a lo sutil y delicado de la roca.

Sara Sánchez García

España

***

Biodiversidad

En la sabana brilla el sol
y el león, el rey de la selva
avanza sigiloso, cumpliendo su rol
mientras los ibis cantando pasan el día.
En los ríos del Amazonas el delfín salta
jugando en las claras aguas
y la rana de flecha azul
en sus orillas salta entre la vegetación.
La tortuga marina sueña en la arena
bajo los rayos del sol que besan su caparazón
y el milano, en el cielo alto
planea vigilando todo con gran atención.
Las orquídeas, delicadas y puras
se mecen al son del viento y del calor
y el lince, sigiloso y atento
caminando lento busca algún alimento.
Bajo el mar los corales brillan
y la ballena majestuosamente danza
mientras el tiburón nada en lo más profundo
con firmes ojos, dominando todo en su control.
Biodiversidad es vida
es esencia, es alma, es corazón...
Y cada ser con su magia infinita
compone el milagro de la creación.

***

Deforestación

Llanto en los bosques
tiempos oscuros
un lamento profundo que abraza el corazón.

Sagrada Tierra
eterno hogar
arrebatado de las manos inocentes
puras como la luz del alba.

Llora la Pachamama
sufre el cosmos impotente
y la humanidad, ciega
ignora el eco de un grito urgente.

¿Cómo algo tan bello
puede ser tan frágil?
¿Cómo dejamos morir lo justo
en un silencio tan injusto?

Reyes se proclaman.
Dueños se imaginan.
Pero no son más que huéspedes breves
en este vasto palacio de vida.

Pachamama
imploramos tu perdón:
con manos torpes intentamos
sanar tu herido corazón.

***

Arrecifes de coral

Rayos de sol trazan caminos de oro
besando el abismo de mi callado corazón.

Vivos colores adornan mi esqueleto
tejidos por seres que en mí hacen morada.
Sin ellos, mi ser sería solo un susurro
un delirio efímero, un sueño sin alas.

Seres terrestres cruzan mis dominios
sus máquinas náuticas me envenenan en silencio.
"Humanos" les llaman, mas yo me pregunto:
¿qué hay de humanidad en destruir lo eterno?

Mi temperatura aumenta cada año
mi cuerpo mengua con el paso del tiempo.
Dolor, tristeza... Gélido ardor
ecos vacíos que inundan mi corazón.

Mis tejidos flaquean, se tiñen de blanco
mis seres amados se desvanecen como las olas del mar.
¡Oh, mirad! ¡Uno de esos humanos!
¿Qué roba esta vez? ¡Eso es mío!
Toman mis huesos, los esparcen al viento
desordenan mi alma, juegan con mi ser.

Décadas transcurren en muda agonía
mi grito ahogado en mares de olvido.
Imploro resurgir, que el ciclo se invierta
que el dolor se quiebre, que regrese el latido.

Pero, ¿qué es eso? Un destello, un matiz...
¿Colores, aquí? ¿Es real lo que siento?
Mis sombras clarean, la vida regresa
mis amados seres retornan con la brisa.

Respiro... "Ah", susurra mi alma.
Confío en los pasos que trazan los días
mientras mi esqueleto, antaño quebrado
se viste de vida, por fin renovado.

Carlos Sarmiento Parra

Colombia

***

Somos presa del cemento

Ciudad en el concreto
se pierde el tinte entre las persianas sin luz
que aguardan la señal, momento trascendental.
Olvido...
Calor sofocante, transpiración atemporal
del negro o el blanco, principio y final.
Condena...
Las manos renuncian a la primavera
sus dedos indefensos, caídos ladrillos
son presa del cemento.
Predicción...
Luminosidad de las calles, el amor traspasa
la decadencia sin el esplendor.
Ciudad en el concreto...
¿Esperanza?
¿Ilusión? ¿Tristeza? ¿Alegría?
¿Dónde quedó el corazón?

***

Arte con naturaleza

Arte con naturaleza danzan al cual más
una llama aletea la hoguera avivando unas voces
creando ilusiones.
¿Guardianes? Mandato al natural.

El sonido estridente de las flautas y coros
inunda en colores los corazones.
Aparece de pronto imponente un curricutú
surcando los cielos, majestuoso
expandiendo su mirada
en el horizonte sideral.
Belleza: Paz liberadora... Natural.
Una fragancia sutil acaricia los corazones
como la dulzura de la flor al amar y ser amada.
Manifestación.
Entretelares que se dedican a tejer la paz
arte con naturaleza danzan al cual más.

Patricia Schaefer Röder

Puerto Rico / Venezuela

***

VIEQUES

Vieques taína
fuiste maná divino
campo del jíbaro.

Isla irradiada
alma noble e indefensa
tu gente enferma.

Estoica tierra
resististe ensayos mil
de bombardeos.

Quienes te habitan
recuerdan el pasado:
Tacita de Oro.

Unido el pueblo
reclama sus derechos:
trabajo y salud.

Edén equino
los caballos salvajes
disfrutan libres.

¿Sanarás al fin?
Mereces amor puro
linda Isla Nena.

***

149

PROGRESO

Por toda vida
en el planeta Tierra
debemos pensar.

Rudas medidas
de efectos positivos
imprescindibles.

Oro no vale
sufrimiento alguno
y muerte, menos.

Grande riqueza
está en la cultura
de pueblos sanos.

Recapacitar:
reusar y reducir
siempre reciclar.

Es el futuro
de más generaciones
que está en peligro.

Solo el progreso
por políticas sabias
ha de salvarnos.

Oír consejos
de todos los ancestros:
Salvar la Tierra.

***

GUAIRE

Guaire de antaño
fuente de agua prístina
de los Caracas.

Una vez fuiste
paisaje majestuoso.
Hoy, vista triste.

Aguas servidas
impregnadas de muerte
llenan tu caudal.

Imagino tu
ribera fértil, viva
hace cien años.

Roída vega
un tobogán tóxico
como pista hostil.

Eres símbolo
del crecer anárquico
y sin futuro.

Dragica Čarna

Bélgica / Eslovenia

***

¡Hola, Tierra!

sí misma
el tiempo escribe sobre ti
sus versos

única
el corazón es el perfume
derramado sobre ti

¡Hola, Tierra! ¿Cómo estás?

me gustaría saber
cómo te sientes hoy
¿cómo te sientes, Tierra
cuando te levantas
lavándote la cara
llena de sangre que se derrama
a lo largo de los paisajes del mundo
dejándote sin rostro
y sin luz en tu mirada?

me pregunto
cómo te sientes, Tierra
quién te acaricia
cuando tú lloras
cuando a ti te duele
¿cómo desvistes las lágrimas de tu cuerpo
cuando tu pelo está cubierto de sangre
y en tu vientre resuenan los gritos
de los matados?

me preocupo
cómo te sientes, Tierra
cuando te destrozamos los bosques
contaminamos los ríos
saqueamos el suelo
usurpamos los campos
impurificamos las montañas
envenenamos las plantas
¿cómo estás por dentro, Tierra?

no sé qué opinas de nosotros
invasores
usurpadores
disfrutadores
sin conciencia
sin respeto
sin cuidado ninguno
sin verdadero amor por ti, Tierra
¿cómo nos aguantas?

me duele cómo te tratamos
y te pregunto
dónde te refugias
cuando sangras
herida de abusos
llena de veneno del hombre
por respaldarte
por abrazarte
por decirte que te amo

Dime, Tierra
¿podrás un día perdonarnos?

***

Desde siempre

desnuda
el polvo oculta
tus heridas

salvaje
los océanos duermen
en tu cama

sí misma
el corazón te dibuja
en luz

Desde siempre

venimos
de todas las partes
del Universo
y tú nos recibes
a todos —sin preguntarnos
de dónde venimos
de qué color somos
de qué país llegamos
qué Dios rezamos
qué piel llevamos
qué idioma hablamos
qué trajes lucimos
qué títulos presumimos

nos recibes
sin pedir alquiler
sin enviarnos las facturas
al fin del mes —sin gritarnos
que ya basta
abusar de tu amor
y nos cuidas
milenios
siglos
mano a mano

desde siempre
atada a nosotros
como la mejor madre
como alma gemela
de cada uno
en búsqueda de sí mismo

contigo
la vida tiene sentido
contigo
podemos alcanzar las metas
y sin ti —¡desaparecer!

una sola Tierra tenemos
una sola Tierra para vivir
una sola Tierra para crecer
aprender
ser felices
en dar
en recibir
y amar la vida.

Y temo:
¿A dónde vas, hombre?
¿No entiendes dónde vas a terminar?

Milagros Rivera Otero

Puerto Rico

***

Venganza en las entrañas

El mar enfrenta su catarsis
con valentía de gladiador
no quería huir de la basura inerte
que escondía la belleza
donde habita la biosfera
allá en la profundidad
de sus entrañas.
El cúmulo de petróleo, residuos oxidantes
y productos no reciclados
hincaban la vida marina ya rota
casi moribunda.
Se enfrentó con espada de arrecife
en su lucha por sobrevivir
a la lentitud de su muerte.
A lo lejos, la venganza
espera su victoria
el tsunami anunciaba
su llegada con la frente en alto
agigantó sus brazos en olas mortales
que ansiaban limpiar
la podredumbre que yacía
en su interior.
Solo la arena blanca
como la cal se vistió
con encajes de algas
dejando ver su traje de novia
preparada para sus nupcias
con la orilla virgen
que esperaba su nuevo comienzo.

156

Filtro de ozono

Un hueco sofocó la tristeza
que yace en el rostro del follaje
no hubo balance térmico
que se alineara a la vida.
Cada árbol se cobijaba
en la esquina donde habita un letrero
que daba sombra al zafacón de la escuela.
Un niño contaminado de asbesto
corría tras su bola
la toxicidad provocó su desmayo
deliraba en un patio verde
que lo bañaba con el rocío inocuo
cuidado por la capa de ozono
que los observaba desde el horizonte.
Reconoció al paraíso prometido
cuando Jesús lo cargaba
en sus brazos.

***

Descenso de la Tierra

Lluvial de lágrimas
abona la tierra fértil
con pesticidas baratos
monóxido de carbono
y un manantial de metano
que asesina la materia prima.
Los contaminantes arropan
seres vivos con una nube gris

que irrumpe en los colores del arcoíris
parece el apocalipsis anunciado en la noche
el olor azufre mareaba a la luna
que regresaba de una velada nocturna
su embriaguez la tornó amarillenta
sintió fallecer en el nicho de la tierra.
Las estrellas fueron testigos
de su contaminado descenso
la obscuridad dominó el planeta
deportando la luz
hasta otro universo.

María Paula Coronel Romero

Ecuador

***

Hogar

Y emprendí mi vuelo
entre lo verde y lo vivo.
Entre lo que tenemos y lo que se nos ha ido.
Entre la frescura de un manantial
encontrando arrullo entre lo forestal.
Recorriendo valles
siendo consumida por la belleza de las palabras
que el viento me susurraba al oído.
Amando mi tierra y mis raíces
amando mis frutos.
Entrecerrando los ojos al volverlos al cielo
navegando entre aguas cristalinas, repletas de vida
colorida como ella sola.
Abriendo mis sentidos al canto que me regalan las aves.
Quisiera ser aire, quisiera ser colina, quisiera ser lago.
Quisiera ser semilla y echar raíz aquí
en medio de mis sueños vestidos de colores.
Quisiera ser hoja y danzar con la corriente.
Quisiera ser una con el musgo y quedarme aquí, siempre
abrazando a mi hogar.

Irene Bosch

Estados Unidos

***

Rana de oro

Rana dorada:
Te vendí a los depredadores
como una joya le saqué tu valor en oro puro.
Rana de oro:
Te perdí, te entregué a humanos por dinero.

Rana dorada panameña
que aprendiste el lenguaje de los ríos
y con voz de selva no te pierdes en ella.
Saltas por meses con tu amante a cuestas
¿Perdonas mi error?

Te disuelves en las hojas
y te traga la tierra.
Sigue solo el riachuelo
y se seca.

***

Alca gigante

Abre la página blanca
como si fuera el reverso de la eunuca ala
alca gigante subida en la cumbre rocosa.

Como lo hiciera Pablo Neruda
quien fue Ricardo

fue Reyes, fue Eliécer de Araucanía
en el Chile helado con sus versos.
Mapuches indígenas reclamaron sus bellos lagos
y su alta nieve.
Nadie los oyó.

El alca extinta se subió orgullosa a la cima
y desde allí se despidió.

De nada valió su extraña apariencia
de *Pinguinus impenis,* el alca blanca y negra
quedó enterrada por la mano y obra nuestra.

Esta oda es de pájaros sin alas largas
de colores de espuma y carbón
de sueños de hadas de niñas con trenzas
de lágrimas saladas del mar que las vio.

Por última vez hace ya unos años
la despedida que nos dejó
flota en las olas del mar de Islandia
de la arena en refugios que no las cuidó.

¡Adiós, alca, adiós!

***

Medusa roja de fondo del mar

Medusa roja de fondo del mar en Noruega
se esconde oscura en la profundidad.
Dame doce, dame vienticuatro
¡dame una de tus manos!
Con cuatro ojos multiplicas por ocho y navegas o flotas
médula sésil, si quedas ciega eres Ctenophora.

Medusa gelatinosa de añil
vienes silente en la corriente ultramarina
duermes mi imaginación en el agua
postre de ballenas: *Aurelia aurita*
juguetes de tortugas: *Aequorea vitrina*
te escabulles en la espuma profunda
te esconden las mantarrayas
y si eres *Chironex fleckeri* nos matas.

Transparentes besos de mar
tus entrañas son visiones.
No te pareces a nadie ni a nada.
Eres burbujas en reverso con agua por dentro.
Eras collares de neuromas:
Tiburonia granroja.

David González
Argentina

***

la ruta nos traga
serpiente negra
que se incrusta
en el desierto

un par de autos
rompen los dominios
del viento

cueros de pumas
en los alambrados
embanderan
la propiedad privada.

Wigberto Méndez García

Puerto Rico

***

Más allá de lo bello

En las praderas
hay coros invisibles
grandes orquestas
nobleza en el plumaje
bellas princesas
que se visten de alas
para la fiesta.
Hay violines alados
como en los cuentos
de fantasía
juglares que vuelan
y ronronean
con mágicas piruetas.
Hay barítonos
y tenores del canto
que nos alegran.
Ves multitudes
enjambres de criaturas:
unos cultivan
otros siembran semillas
muchos aran la tierra
siembran la vida.
Unos en acrobacias
recogen ricas mieles
y polinizan...
Invitan al banquete.

Es otro mundo
hervidero de vida
universo de insectos
y hermosas aves
más allá de lo bello
o fantasía.
No es un cuento de hadas
la vida lucha
para que tú siempre tengas
en esta Tierra
flores, frutos, comida...
Y alegre diana
en las noches y días.

¿Y tú, qué haces?
La Tierra es madre y hogar
es tuya y mía.
El que la siembra y cuida
siente su arrullo
porque ella lo contagia
con su alegría.

***

Un gran tesoro

Cuida la Tierra
como tus ojos
tendrás tu paraíso
en primavera.
Cuida sus aguas
sus bellos árboles
te darán la sombra
que te refresca.

Cuida sus aves
cuida sus nidos
sus dulces trinos
serán tu fiesta.
Cuida sus campos
y sus montañas
habrá en tu casa
buena cosecha.
Cuida los niños
y los ancianos
que la pureza
sean tu emblema.
Cuida la Tierra.
Será un tesoro
para tus hijos
esa es su herencia.
Darás un mundo
tan florecido
porque el amor
es tu riqueza.

Carmen Serrano Bruno

Puerto Rico

***

Soy tu Tierra, Madre Tierra

Escucha tú mi gemido
y el duro crujir de mis dientes...

¿Sientes mi dolor?

Durante siglos te he amado, te he abrazado con ahínco
protegiendo tus pasos
sin importar el destino.

Siempre por ti
reconoceré
la razón de mi existencia
pues de mí nace tu forma y por mi
aliento
respiras.

He luchado
muchos años
por sobrevivir a tus actos
mas continúas tu vida
sin medir mi sufrimiento.

Es inminente
escucha
el quejido abrumador
emergente en mis entrañas
esas que te han dado vida
pero ignoras en consciencia.

Intento recuperarme
de todo mal ocasionado
reconoce mi dolor
provocado por mis fuerzas.

Entiende, mi hijo querido
necesito renovarme
limpiarme tanta impureza
borrando toda tristeza
producto de tu inconsciencia.

Verás
cómo el instantáneo dolor
provocado por mi ira
se transforma en alegría
por muchos años de vida
en generaciones humanas.

¡Levanta pues, tu mirada
y abrázame nuevamente!

Soy tu Madre.

No te olvides.

Siempre tendré disponible aquello
que necesites
al alcance de tu mano.

Aunque en memoria cercana nunca
aprecies bien
quien soy
siempre a gritos
te diré
¡Soy tu Madre, Madre Tierra!

La que enjuga hoy
tus lágrimas
mientras por miles de años
silenciosa
se consume en el dolor.

Soy tu Madre
te perdono.

Madre Tierra
en espera
de ese hijo arrepentido...

**

Icónico

Subir
hasta donde me dirijan
las pisadas.

Soñar.

Caminar por entre los forrajes
hasta sentir la ricura de la estancia sobre tus laderas.

Juguetear.

Ir de prisa ansiada hacia tus árboles
y en un impulso suave de la tierna brisa
columpiarme como niña
retozando en el recreo del atardecer.

Relajarme.

Deslizarme sutilmente desde tu tierno abrazo
hasta regresar a la tierra color de canela
que me vio crecer.

Optimista.

Continuar mi rumbo
restaurada...

Seguir hasta donde me dirijan
mis sentidos
para demostrarle a los hombres
en pura sencillez
la inmensidad refrescante
de tu cálida belleza.

Ninguno detendrá mis pasos

ni interrumpirá la alegría

de mis pupilas niñas

depositadas

ante el maravilloso paisaje.

Silvia Gallardo Sánchez

México

***

Árbol

Anclado
a las entrañas de la tierra
siempre bendecida
que alimenta y nutre
te yergues imponente
para ceñirte al viento
que hace eco en tus ramas
para anunciar la vida.

Son tus brazos libres
amoroso abrigo
que resisten tempestades
los tonos de esmeralda
brotando por tus venas
las flores y los frutos
obsequio de la vida.

Bondadoso y enigmático
ancestral amigo
regalas tu sombra
y tu frescura
al sediento caminante
o al ser solitario
que en tu majestuosidad
se sienta bajo tu cobijo.

Ojalá tu tronco
poderoso y fuerte

no se vuela fiambre
en devastadoras manos
por tener riqueza.

Vuélvete eterno
sigue dando vida
alimento y sombra
calidez y abrigo.

***

¡Qué regalo!

¡Qué regalo a nuestros sentidos
son los verdes y los azules
que han cobijado tiempos y distancias
de pisadas que dejan huella en nuestra historia!

Un Sol que ha abrigado nuestros fríos
nuestros fríos apagados con su fuego
destino en lontananza
guía los pasos por senderos
para revitalizar a los espíritus
que danzan amarrados
a corazones que abrazan la esperanza
de seguir sintiendo las transparentes perlas
que regalan las nubes
para hacer brotar la vida y los colores.

Árboles que se yerguen majestuosos
para dar frescura y sombra a los andantes
y lugar a los alados que afanosos
construyen sus hogares
para elogiar la vida
con su concierto de armoniosos cantos
y desplegar en el viento

172

su melodiosa existencia
que anuncia días venturosos
en cada amanecer.

Una sola Tierra de luz y sombra
de días soleados y lluviosos
noches que ríen con estrellas
y con sus luces danzantes
frías, silenciosas y sombrías.

Bosques otoñales y frondosos
desiertos cálidos y enigmáticos; mares bañados de turquesa
que se besan con el cielo, espejos de la luna
inmarchitable vastedad, diversidad de vida y de misterios
asombro total, existencia bendecida.
¡Qué regalo!

Son huellas de grandeza, de historia y de pasado
naturaleza bendita que lucha por ser inmarcesible
ante la inconsciencia de su peor depredador:
El hombre.
Más aún late el fuego de bondad y de conciencia
en el corazón de una humanidad compasiva
considerada y bondadosa
porque somos parte de esa grandeza
para compartir la bienaventuranza
en armonía con el universo.

Somos solo un punto extraviado en el infinito
una sola casa, una sola Tierra
nuestro invaluable regalo.
en el andar de nuestros días.

Sólo un puntito en el universo
una sola Tierra
por donde han transitado reyes y plebeyos

ricos y pobres, malos y buenos
pisamos todas sus rutas
en este, nuestro único hogar
con mil maravillas de fauna y de flora
en sinergia y equilibrio recíprocos
porque no hay nadie más que nos salve
en esta infinita soledad
somos nosotros mismos
entes privilegiados
dotados de gran inteligencia
quienes podemos reconstruir y deconstruir
un mundo mejor
para nuevas generaciones que crucen el umbral
hacia un mejor ambiente, una mejor humanidad.

Ramón Elías Laffita

Cuba

***

Quemadores de basura

En su constante búsqueda por verter fuego
sobre la piedra
los quemadores de basura
no dejan de mostrar al mundo
el arponeo con el cual se fustiga
a una rosa.
Han abierto su paso hacia el humo
hacia esas murallas perdidas
en la desesperación.
Los quemadores de basura
desplazan el alba
—y las calles se oponen
a la semipenumbra—
forzados por la obsesión
de agrupar óxido y podredumbre.
Así gravitan los coleccionistas
ante la impureza del paisaje
que los envuelve
empotrados por un sonido
—casi ensordecedor—
de autos
hiriendo la mañana.
Los quemadores de basura
amansan el estiércol de un día áspero
y el humo —en su olor—
es mezcla de leña verde y carne podrida.
Las moscas han sitiado el camino.

Quien reconoce la certeza
reconoce
ese matiz púrpura
que transforma todo símbolo.
La rosa–luz / la rosa–arpegio
la rosa–ojo de metal
arde en el caos de los quemadores.

*Del libro inédito *Alguna vez vi arder rosas en la basura.*

***

Sangran los erizos

Sangran los erizos
y sin otra opción
recojo conchas y piedras para regalarte
restos
que la marea empuja hacia la orilla.
Por sobre los cocoteros las uvas caletas
arquean sus ramas
y un haz de luz
se muestra hondo como el mar.
Antes que la sombra caiga...
espero no reciclar latas de refrescos
espero no reciclar el amor
ni masturbarnos
en una playa de arenas muy oscuras.
Sangran los erizos
y desde esa misma orilla
recojo fósforos
peces
que reparten los buques
por el lecho marino.

*Del libro *Sótanos con olor a brea.*

Dacio Portas de Armas

Cuba

***

Breve estadía

> *La ciudad por el río fluye*
> *hacia la mar como un absceso.*
>
> Saint John Perse

I
Estoy vivo por única vez
en el corto espacio
entre conocer y olvidar.
Busco en los textos las profecías
y mi oído escoge
la expansión del lamento.
Otros entusiastas
practican genuflexiones
a esta ciudad pétrea
de espirales viscosas
que no logran conjugar
el ahogo de la Tierra.
Se extiende el humo
la oscuridad galáctica
y en islas para desechos
el mar pronuncia su ruido
con el exilio de las aguavivas.
Robaron las sombras
ante los árboles de fibra codiciada
los signos de la noche
las aves reticentes
a las luces de neón.

177

Solemne sobre los cuerpos
la tierra en abandono
por deseo y olvido
pródiga
en favores vegetales
para vivos y muertos.

II
Estimo esa visión de la infancia
cuando las aguavivas dejaron
un gusto de sal en la boca
y las lluvias corrían a calmar la sed.
Caminos hechos de huellas
para admirar un cielo devoto
con resplandores amables.
Hay lugares que huelen
como un pordiosero.
Dejemos al tiempo su crónica
el capítulo donde todo se devora
en esta vastedad planetaria.
Hoy soy esa llaga que crece.
El linaje del verdugo.

Esmeralda Romero Guzmán

México

***

Gaia

A Homero Gómez González,
"El Guardián de la Mariposa Monarca"

Mientras polvo y cenizas supuran de sus poros
el hambre del hombre no se sacia de sus delgadas venas
Dolorida llora
humedeciendo el llano que aún germina y lo alimenta
Mientras ella esté despierta
el hambre del hombre la cava, la explota y ella agoniza
entreabierta.

Es el verdor de sus venas
que se ha tornado al rojo de la vergüenza
Es el turquesa de sus aguas
que se ha tornado al color del sargazo de cinco estrellas
Son todas las voces silenciadas
de sus bravíos guardianes
como las alas rotas
de un fiel guardabosques
llamado Homero Gómez
Son las novias del sol
que se han quedado sin su protector.

Intenta dormir en secreto
pero se despierta
bajo amenazas y sentencias de cartas proféticas
Es cautelosa
cuando escucha el estruendo de una guerra vil
"¿Será que este es mi fin?", se pregunta melancólica

179

Si la ves que se levanta inquieta
y que vaga por las noches
déjala
Es tan sólo que anhela morder el alba de la esperanza
pero la incertidumbre llega, niega, la saluda y se va.

María Isabel Ford Cuello

Uruguay

***

La lluvia

Chapucear en los charquitos
que se forman con la lluvia
los niños disfrutan mucho
pero sus ropas ensucian.

La lluvia nos divierte
mojarnos, somos felices
jugamos cuando niños
y nunca teníamos gripe.

Muy útil para las plantas
agradecen los del campo
la llaman agua bendita
porque verdecen los pastos.

La lluvia da mucha vida
y se hace desear
en épocas de sequía
por ella debemos rezar.

***

El mar

Te miro; te escucho, ¡estás furioso!
Me pregunto ¿cuánto daño te hacemos?
Pareciera que te sentís muy culposo
y somos nosotros que no te atendemos.

181

No te cuidamos, te ves afectado
tratamos muy mal la naturaleza
tiramos todo, estamos alocados
y por eso tú nos mostrás tu fiereza.

Me gustas mucho porque eres hermoso
si no te cuidamos muy bien, te perdemos.
Hoy te visité, pero está nuboso
y el agua muy fría hace que gritemos.

El mar necesita de muchos cuidados
debemos hacer muy buena limpieza
y encontrarnos todos bien agrupados
para que tú puedas lucir tu belleza.

Orlando Fernández Donates

Estados Unidos / Cuba

***

Una isla en el trópico

la tierra se ha cuarteado
los hombres que la cultivaban
sabían de siembras
de las virtudes de la luna
con sus ropajes lumínicos

llegaron los mítines del miedo
con voz de suela de zapato
e ignoraron a los campesinos
le ladraron a las cosechas
y secaron los manantiales

*

las arboledas
las arrancaron del fértil campo
la lluvia cesó

y cuando
aparece   como tormenta
    inunda
      el desaliento

*

los árboles
han dejado de dar sombra
     ya
         ni tú ni yo   comemos
los frutos del cielo

Ana Marchena

Puerto Rico / República Dominicana

***

Estoica

A la vera del expreso
incólume
ante la indiferencia
humana
su belleza
desparrama
un oasis de color
dispensando
esperanzas
presumidas.
Alrededor
la contaminación del aire
te alimenta
te prodiga la abundancia
de las flores
que se escapan
en racimos atrevidos
desafiando
el infierno de los gases
circundantes
dibujando un horizonte
de violetas mariposas...
Cada día
yo te miro
y me elevo por encima
de mí misma
y me poso
dulcemente sobre ti

un instante maravilla
me posee
al tocarte
con mi alma
a la distancia
admirando tu procaz
tenacidad:
cómo insistes
trinitaria
cómo enfrentas
la desidia
y te mantienes
tan erguida y colorida
a pesar de
las miradas insensibles
que transitan
en pupilas indolentes...
Sin embargo
te retengo por más tiempo
porque miro
tu silueta en el espejo
reiterada
cuya magia
te posterga un poco más
me acompañas
un gran trecho del camino
me recitas en silencio
que es posible florecer
cuando nadie
lo provoca
cuando late desde dentro
ese clamor
¡por vivir!

***

Homenaje a los caídos

Cayeron los gigantes
abatidos por tu mortífero despliegue
cayeron uno a uno
arrancados de la tierra
que les dio la vida
sobre su mortaja de lodo
expiraron sus sueños
sueños verdes
transformados
en composta nutricia
para las semillas
que lleguen
a formar un nuevo bosque.
Algunos se aferraron
a sus raíces
y su savia
sabia vida que destilan
los secretos ancestrales
no pudieron sostener
los monolitos centenarios
de mi bosque en Borikén.
Una nana lluviosa
le rezaba su réquiem
consolando su dolor
parenquimático:
un adiós incandescente
una brasa de silencios
¡oh, qué muerte!
¡Y no puedo!
¡Y no puedo ni llorarlos!
¡Y no puedo ni salvarlos!
¡Impotente! ¡Impotente!
No hay entierro
para ustedes

ni duelo que celebrar
hoy su madre los recibe
mutiladas
sus raíces y sus ramas
ya sin hálito
ya sin vida
un sarcófago de hojas
recoge sus nobles
troncos:
almendros, tecas, magas
robles...
¡¡¡No me lloren!!!
Porque no hay cielo
para los árboles
porque no hay cielo
para ustedes:
solo tierra...
solo tierra...

***

Primavera súbita

Convocadas las auxinas
con urgencia
ante esa mortandad inesperada
qué quedaba si no acudir
a la voz desgarradora
del llamado
y qué decir cuando nada queda
y qué decir...
¿Y qué decir
si no hay flores negras
para de luto cubrir
esta orfandad desaforada?

Sentadas
como ninfas angustiadas
cuyas lágrimas hablaban
de malignos huracanes
del pasado
sin descanso.
Guabancex venció
los gigantes esmeraldas
y ella misma arrodillada
genuflexa la mirada
sometida ante el dolor
entendió sus desmanes
una promesa de calma
decretó en un murmullo
una tregua solidaria...
Una alborada en sus ojos
un aliento en su garganta...
Dos semanas y ya emergen
temerosas
hojas nuevas
vigorosas
atisbando el horizonte gris
de este octubre que renace:
reverdeces, Puerto Rico
¡reverdeces, Borikén!

Federico Jiménez

México

***

Lago que llega a ser

Los ojos que apenas alcancen tu borde de sueño
las manos que quizá toquen tu última danza novicia
los oídos que antes que nada se abran para recibir tu canto
los primeros rayos y parvadas de cántaros y redes
que te abran sus puertas
los labios que asomen su follaje y te besen en libertad
los pies que anden abrigados de tu espesura
los últimos maderos y verdes de líquido aroma
las calles de jade que se pueblen en tu ciudad
todos los olvidos y ayeres que vuelvan de tu sombra abierta
las rimas de los cántaros en nocturnales cascadas
el lirio y la música que te alimente
las primeras palabras del día que se rebelen
la poesía de las piedras
y la miel y los peces que te habiten
y tu corazón en el principio de las cosas
las huellas y las canciones que se estanquen en la arena
las raíces de todos los amantes que se anclen en tu andar
el rumor de tu regreso que resbale en las gargantas
la travesía y el rimar que no te suelten
y estos versos cuando se ahoguen de tu respirar

(cuando el tiempo se revuelque en olas
que transborden la lejanía
y todo lo dicho se haga nuevo y las cosas pierdan su nombre
y tu agua nos muerda los pies con ternura)

189

todas estas cosas
todas
te librarán de la sed

***

Ser de la naturaleza

Soy el coyote hambriento y en mí se enraíza la palabra
yo canto al alba color de sangre
y a la noche de nupcias en mi tierra
a los pechos maternos les disparo versos
y recojo bengalas de los campos
mi madre es el agua del río
y mi padre es el viento pulverizado del monte
mis manos son luciérnagas en la memoria del bosque
danzan la canción de mis ancestros
y se dibujan el destino como propio

Soy piedra en la tierra de la serpiente
y mago en el pensamiento del armadillo
mi pecho es una raíz más del árbol
mi sangre es la sangre que alimenta sus frutos
en mí, las noches son fertilidad de madrugada
calor de luna montada en la ira del jinete
tierra soy y la tierra volverá a mí
como una lámpara cayendo en el pozo de la hondura
soy la madriguera de mi esposa
serpiente–águila–tortuga–leopardo
de noche, mi mujer es de maíz y tiempo
alimento de dioses es mi mujer multicolor

En mis ojos se refleja la luz de mis hermanos animales
en mi boca hay un sabor añejado de papagayos
y cempasúchil
mis tímpanos saben oír la música de la mañana cantora

190

y el llanto de los niños
amamantados
mi lengua entona sonidos
y palabras que se escuchan al otro lado del lago
soy una piedra rodando y un arco iris de tacto y espuma
soy sal y silencio
el jaguar canta mi nombre
y las piedras quedan inmóviles al oír mis pasos

Hermano Árbol, ¿por qué no sales de tu tallo
y me dices al oído tu canción memorable?
Hermano Río, ¿por qué sigues soñando con ser cielo
montado sobre las estrellas
y no te catapultas en mis sueños de raíz líquida?
¿Por qué no penetras en mi pensamiento de mar
y nos ahogamos como olas?
Hermano Aire, ¡Sal de mis pulmones, te digo, sal!
Déjame penetrar ahora tu esencia de palabra etérea
de susurro exiliado, de hambre insatisfecha

Hermana Tierra, ¿dónde te escondes el veneno
los cuerpos mutilados, la siembra mal tenida?
¿Cuánta sangre has absorbido
desde tu primera aparición de centella?
Hermana Agua, ¿dónde siembro en ti mi lunar
mi laberinto, mi sequedad desierta?
¡Camina sobre mí para serte mar y
desvestirte en la deriva de mi presente!
Hermana Luz, ¿cuántos ojos has visto apagarse
sin haberte visto?
¿Han de volver a verte los ciegos, los mancos de vista
los, como yo, presos de ti?

Soy fuego de la cascada eterna
del movimiento perpetuo de un dios que sueña
ave luz, lúcido hombre de aire

llevo en el pensamiento la inmensidad de las cosas simples
el gorgoteo del cielo, el albor del mar
la risa de las gaviotas y los encinos

No pienso el mar pues el mar ya me piensa
como una gota de sal más
pero te canto a ti, mujer guacamaya, canto de mí mismo

Esto es verdadero, soy la raíz de aire que brota de mis ojos
y ahora canto desde su metamorfosis

Galvarino Orellana

Chile

***

Somos culpables

La Pachamama enferma se enoja, ruge y llora
por la testarudez del hombre
que daña y contamina
con el veneno que arrojamos
dañando el ecosistema.
Todos tenemos la culpa
al permitir que aniquilen
los bosques y áreas verdes
contaminen el mar y los ríos
dañando el pulmón de oxígeno
que permite la vida en el planeta.
La Pachamama enojada, protesta
con el mar que cabalga tierra adentro
los polos que se desnudan
por el calentamiento global
los orgasmos de los volcanes
que siembran desolación
o las tormentas y huracanes
que destruyen todo a su paso.
Cada día me pregunto:
¿Para qué sirve la riqueza que le roban al planeta
si mañana la Tierra no perdonará?
¿Por qué el pueblo no despierta
y detiene la destrucción del planeta?
La respuesta es siempre la misma:
No tienen tiempo para pensar
con los teléfonos le han robado
la capacidad de amar, soñar y solidarizar.

***

Un bosque para Kioto

Las horas negras trasnochan
el fantasma de la muerte se acerca sigilosamente
provocando estragos en la naturaleza
el tiempo se desordena, ¡nadie lo nota!
El estruendo del cielo ensordece
danzamos un extraño baile terrestre
el mar implacable devora costas.
El calentamiento global
lentamente destruye la Madre Tierra
los glaciares desaparecen, la Antártida se deshiela.
A gota semidesnuda queda la roca
los ríos detienen su caudal
agónicos peces en su lecho mueren
y los contaminantes químicos
destruyen la vida y el ecosistema.
El dolor cruza mis entrañas.
Contemplo por la ventana
cómo las fábricas destruyen el planeta
el veneno negro de las chimeneas
se alza en columnas al cielo.
El jardín de coloridas mariposas anuncia su extinción
el cielo se contamina de ataúdes negros
el dolor de los bosques se hace notar
el mutismo se hace global.
¡Qué indiferencia, no lo puedo callar!
¿Cuándo despertará el ser humano y escucharé
voces de gobernantes responsables
que denuncien y detengan esta devastación?
La vida se retira cabizbaja en pena
un sol enfermo y sonámbulo se esconde
el aire se ahoga, enrarecido

por la emisión de gases contaminantes
el tiempo se marcha por las calles del olvido
en su camino, un planeta debilitado.
Nadie se preocupa, agoniza la civilización
mientras la luna con un ejército de luciérnagas
se pierde sin rumbo en la constelación.
No lo piensen más, debemos actuar
no le dejemos a las nuevas generaciones
una Tierra desolada. Sin alfombras verdes
sin bosques, ni arboledas.
Plantemos la semilla que un día hará germinar
un bosque natural y frondoso para Kioto.

***

No es casualidad ni natural

Cuando la noche llega con su velo cotidiano
y la humanidad se duerme
cohabitando con el silencio hipócrita
de los medios de comunicación
que no se preocupan de los sucesos
que ocurren cada día en su entorno
mi sombra, en silencio, siempre me acompaña.
A veces se marcha a recorrer el planeta
en el pulular del viento que silba sin parar
pero luego vuelve con su cara llena de tristeza
porque el planeta cada día se viste de luto
mientras la luna con su cara afgana
rodeada por su ejército de luciérnagas
espera con ansia un cambio de mentalidad.
No, no es casualidad
que las estaciones sufran el mal de Alzheimer
los glaciares se desnuden
los ríos y lagos desaparezcan
succionados por el calentamiento global.

195

No, no es casualidad
la sobreexplotación del agua
la basura que invade las calles
tirada por habitantes sin escrúpulos
que los jardines y prados desaparezcan
que los animales, las aves, se extingan.
Que el aire y el agua sean contaminados
por vertidos químicos industriales
que los árboles suban descalzos
a los barcos que se los llevan
que la fauna marina agonice
por el plástico y basura que tiramos
matando la esperanza del planeta.
No, nada es natural
ni menos un capricho de la naturaleza
que el planeta sufra de hipertensión arterial
que las nubes lloren en el desierto
y las heridas que sufre el medio ambiente
sea un tema menor para la humanidad.
No, no es casualidad ni natural
el desastre ecológico y todo lo que ocurre
cada uno de nosotros tiene la culpa
por la irresponsabilidad de no cuidar
el medio ambiente y nuestro planeta
y por seguir permitiendo
que los gobiernos y congresistas
por el ansia de poder y el dinero
conduzcan a la catástrofe a nuestro mundo.
¡Cuándo despertaremos!
Espero que no sea demasiado tarde
porque desde este pequeño rincón
en una apretujada esquina del mundo
contemplo los sucesos y denuncio
mientras el dolor que emana de mi alma
se lo bebe la soledad de la noche.

Calixta Choque Churata

Bolivia

***

Mi atenta Ninfa

Mi atenta Ninfa
incluso parir es atentar contra la ecología
allá donde el pensamiento singular tuyo
fuera como de alguien de otro mundo.

Mi atenta Ninfa
permaneciste con el don de la contemplación
de los paisajes que Dios los puso
agradecemos por siempre
nuestra cámara los capta
para que en conjunto demos un *like*.

Mi atenta Ninfa
a pesar de que ves que tu compañero
de tu edad y apuesto hombre
tira el papel con moco
tú eres capaz de hacer alzar
mas te contienes para no lidiar.

Mi atenta Ninfa
amas tanto observar
cada momento del día
en que descubres el cambio mismo
y lo haces único con tu cámara
allá donde tus pies y manos
sólo gozan resaltando lo que Dios
gozó en crear.

197

Donde como en todo lugar
hay quienes ya dejan los desechos
que afectarán al bienestar de los niños
de los animales y frutos sin poder desarrollar
allí habrá otros que lloren.

***

Contaminación

Las voces se repiten
parecen canción osada
que los peces están con mercurio
que detrás del eterno cerro nevado
proliferan las minas de oro.
Los hombres venidos
de otro continente
son los dueños, repiten.

Que en aquella pampa virgen de minería
yacen contaminadas las aguas
ríos bebederos de siempre
de carneros auquénidos
sus aguas llegarán
hasta la morada de los peces
del Gran Lago bipartito
fuente de trabajo de otros.

Allá donde ningún mandamás
del Estado parece tener batuta
allá donde gozan del banquete
olvidan que allí fuera piden auxilio
la biodiversidad y la fauna.

Ya la crisis de falta de dólares
también es una muestra
de la crisis en que está la naturaleza

por el uso del fuego
y la echada de veneno
por el mecanismo minero.

***

Río de la ciudad

Naces de la ciudad de manera fatal
sigues paralelo a la carretera sin desprenderte
cruzas puentes, pasarelas.

Te ves seco
y en otras arrastras todo lo que encuentras
incluso a personas
detrás de sus restos hay llanto
días enteros de búsqueda
cadáver vomitado
allá muy lejos.

Hay quienes dependen de ti
sacan material reciclable
eres convertido en fuente laboral.
Hay quienes te necesitan
porque eres su contenedor de basura
a lo largo de tu trayecto
morada de canes.

Cargado de todo tipo de desechos llegarás
al lago habitado de variedad de peces y aves
lugar de trabajo de otros.

Hay gente que te analiza
lejos de la posición de una decisión
sólo contemplándote.

Testigo del paso de generaciones
y sus actos
ahora estás en las voces científicas
que claman tu limpieza
parecieras sólo de su interés.
Ya en mis sueños te vi
sin contaminación.

Los residuos quedan
en las manos que los generan
clasifican en su mismo beneficio.
La flora y la fauna se lucen
allá en aquel lago
cuyo rito está en las leyendas.

María Teresa Navarro

España

***

¿Lloverá?

Un trueno suena.
El cuerpo lo agradece.
Y ya sonrío.

Cielo encapotado con grises nubes.
Huele a mojado.
Campo regado.
Luce lustrosa la naturaleza
reverdecida
llena de vida.

Un trueno suena.
Mi mente se enfurece.
Qué poderío.

Fuerte lluvia, torrencial y furiosa
en su destino
busca el camino.
El gran aguacero es un tsunami
sembrando muerte.
¿Es mala suerte?

Un trueno suena.
Mi alma se estremece.
Escalofrío.

Ni
      una
           gota
                ha
                    caído.

Elena Krause

España

***

El largo ahora

A las doce menos cinco
el reloj indica cuatrocientos treinta.
El mar es una escalera
que remonta la montaña
y abandona, infame, a las anémonas.
A las doce menos cinco
los negadores profesionales rasgan
sus camisas y sollozan
por la muerte del nevado.
Afuera, la selva tiembla.
A las doce menos cinco
el océano enmudece.
Se ha marchado el cormorán
solo el ángel revolotea las olas.
El Niño se hace perpetuo.
A las doce menos cinco
el duelo arrastra la lluvia.
Detrás del viento llega la arena.
A los pobres —sometidos a la atmósfera—
les arrancan la esperanza.
A las doce menos cinco
el planeta es diferente
y los hombres semejantes
marchan sobre el polvo, indignos.
(*¿Quiénes son estos que el dolor abate?*).

A las doce menos cinco
la cinta transportadora se detiene.
En la tumba del glaciar: jazmín.
Sobre el círculo por fin es primavera
pero es triste; y es la última.

Vicky Ledesma
México

***

Mi mundo

De qué color es mi mundo
de sol, luna y estrellas
lleno de magia y de flores bellas.

El dulce canto de las aves
llena mi alma de alegría
y su vuelo suave ilumina el día.

La brisa fresca del viento sopla
y en mis sueños siento
que la vida un día termina.

Que no cambie mi mundo
así lo quiero y lo disfruto
me da la luz, el calor y el frío.

Hay vida en mi mundo
con colores cambiantes y paisajes sombríos
así será siempre si yo lo cuido.

Que no cambie mi mundo
porque los que amamos la tierra, el cielo y los mares
lo necesitamos para seguir vivos.

***

Para la vida

El agua, el aire, el sol y la tierra
elementos necesarios para la vida.

205

Si alguno falta, ya no habrá futuro
pero si los cuidamos, aquí continuaremos.

Quiero la vida con todos sus recursos
habrá que conservarlos y saber utilizarlos.
El mundo está cambiando por culpa del exceso
abuso y mal uso de lo que tenemos.

Los países ricos, los países pobres
todos necesitamos conservar la vida.
Unidos lograremos cambiar la historia
de este mundo triste que requiere cuidado.

El agua, el aire, el sol y la tierra
son indispensables
pero se han contaminado
y ahora todos tenemos que limpiarlos.

Trabajemos juntos y comencemos pronto
porque para la vida no habrá futuro.
Por nuestros niños, por las plantas, los animales y los ríos
juntemos nuestras manos, la razón y el corazón.

***

Planeta Tierra

La vida florece en al agua, el cielo y la tierra
existe el aire, el sol y la vida.
Es un hermoso lugar y todo es alegría
afortunados somos porque aquí vivimos.

Pero ya no crecen flores, el agua está sucia
el cielo triste, con colores turbios.
Se talan los árboles, se destruyen los ríos
el progreso avanza y la Tierra sufre.

Cuidar el planeta es lo que te pido
porque si ayudamos, será mejor tu destino.
Hombres y mujeres hagamos lo posible
para que los niños tengan un lugar digno.

Hoy en tu camino está conservarlo
el cuidado, el ahorro y el reciclaje
son de gran ayuda y es posible hacerlo
con las manos unidas y conciencia en el alma.

El planeta Tierra es nuestra casa
debemos cuidarlo para conservarlo.
El clima cambia, el agua se agota
se contamina el aire y ya no hay comida.

Que no termine la vida
recuperemos la Tierra, es nuestro planeta
la única casa que nos brinda alegría.

Misael Pérez Prieto

Estados Unidos / Puerto Rico

***

Cántico del silencio herido

Cálida savia derramada
muerte anida en cada espada.
Verdes venas languidecidas
por humo y ruinas heridas.

Montes lloran su desvelo
árboles gimen en duelo.
Lagos pierden su cristal
lodo infecta el manantial.

Susurros en cielos rotos
suspiros de mil corotos.
Esquirlas de un ayer
ecos que vuelven a arder.

¡Oh, madre agonizante!
Grita: "Detente, caminante".
Que las sombras del quebranto
se apaguen bajo tu canto.

Rinde honor a lo vivo
a lo puro, a lo altivo.
Reconstruye con tu mano
un planeta más humano.

Jorge Luis López Merino
México

***

Lujos campestres

Un lujo reconocido
en un huerto familiar
es poder ir a cortar
cuanto hubieras consumido.
Hoy, mi mujer me ha pedido
en hechos inusitados
dignos de ser comentados
a la hora de comer
para el agua de beber
limones... Recién cortados.
Limones... Recién cortados
dan un sabor diferente
orgánicos, para gente
de un paladar delicado.
Y sin embargo, el tirado
por el golpe recibido
una vez que está exprimido
al quererlo combinar
cuando lo vas a tomar...
Amarga su contenido.

***

De dónde viene el viento

No me pregunten cómo vuela el viento
si ni siquiera sé de dónde viene...
Ni me pregunten qué colores tiene
si no lo puedo ver, solo lo siento.

209

Mi metáfora vuelta sentimiento
en muchas ocasiones me contiene
cuando el soneto surge y se detiene
al escribirlo con un ritmo lento.
Pocos entienden la naturaleza
cuando el tornado por ser impredecible
pasa pronto del bien a la maleza.
Pero si gustan; puede ser posible
admirar del entorno la belleza...
Aunque de muchos es imperceptible.

María Miranda

Venezuela

***

Llora la Tierra

I
Gime y llora de dolor la Tierra
por la injusta e inexplicable indolencia
con la que a diario la maltratamos
los humanos que habitamos en ella.

II
Amenazada constantemente vive
por esa cruel inconsciencia
que la hace sentir vulnerable
al ver que no medimos las consecuencias.

III
Infinidad de recursos nos ha brindado
para nuestra sana subsistencia
y aun así no hemos sido agradecidos
ni la hemos tratado con benevolencia.

IV
Es hora de reflexionar
no es tiempo de esperar
es nuestra responsabilidad
soluciones viables buscar
para su vida y la nuestra
lograr salvaguardar.

***

LA TIERRA

La Tierra grita
necesita ayuda
sin más demora.

Auxilio pide
de distintas maneras
se manifiesta.

Terruño azul
mucho sufre a diario
por tanto daño.

Insensatez
creerla indestructible
e insensible.

Es evidente
que el daño causado
mucho lo siente.

Recapacitar
es nuestra obligación
sin objeción.

Recuperemos
todo el tiempo perdido
actuando unidos.

Ahora o nunca
es hora de actuar
por su bienestar.

***

La grandiosa Madre Tierra

I
El único planeta
sí, uno solo en el vasto universo
con las condiciones adecuadas
para ser habitado.

II
Solo el planeta Tierra
nos ofrece en abundancia
inconmensurables recursos
en combinación perfecta
para nuestra subsistencia.

III
Litósfera, hidrósfera y atmósfera
expresado de manera concisa
son en conjunto los factores
que nos garantizan la vida.

IV
Y sin embargo, los humanos
en nuestra ignorancia o inconsciencia
hacemos uso irracional de ellos
sin medir las consecuencias.

V
Recordemos mis hermanos
que estos recursos no son eternos
que no son inagotables
y no podemos vivir sin ellos.

VI

Entonces recapacitamos
no sigamos actuando de ese modo
con tal ligereza e imprudencia
causándole más deterioro
de manera irresponsable y grotesca
a nuestra única y verdadera casa
la grandiosa Madre Tierra.

José María González Marcos

España

***

Ayer vi

Ayer vi una abeja
rondando un parterre
de flores bulliciosas.
Me lloró su lamento
en el filo de una
hoja afilada.
Perdió sus patas
mientras rezaba
y perdió un ala
mientras cantaba
canciones al sol
que la ilumina
y a la flor que la hipnotiza.
Ahora vuela despacio
no llega a mi jardín
no ríe con la amapola
que acaricia mi ventana.
Pero vuela y vuela
tras el trágico día
en el que ya solo se arrastre.
Miedo teñido de ignorancia
a no ser nadie
sin quebrar patas
sin cortar alas
no nos basta
solo con el susurro
del alma de aquel
vuelo imperecedero.

María Pedraza
Estados Unidos / Puerto Rico

***

Ira

Madre, ¿por qué tanta ira?
¿Por qué nos jamaqueas?
¿Por qué lanzas vientos con tanta violencia?
Estamos aterrados

Porque me maltratan, me han llenado de profundas heridas
queriendo llegar hasta mi núcleo

Drenan mi hiel sin cesar derramándola sobre mis aguas
dejándolas negras y tóxicas
y a la misma vez intoxican la fauna

Aniquilan mi belleza cortando e impidiendo que yo pueda
crecer mi preciada flora

¡Contaminan mi corteza hasta mi manto, mis mares, mis
bellas playas! Han desafiado los cielos queriendo controlar
las nubes

¿Por qué mi ira?
Porque yo soy la Madre Naturaleza y no me dan mi lugar,
el hombre me está destruyendo sin pensar que yo sigo
siendo la Madre que tiembla de rabia, sopla con ira e inunda
todo sin piedad

Para que recuerden que quien los ha cuidado, alimentado
y protegido a través de los siglos también los puede hacer
sentir su ira

Todo cambió

Ya nada es igual; ni siquiera el sol, la gran estrella parece
estar demente, a veces está extremadamente caliente
dejando el mundo seco, casi deshidratado
otras parece estar ausente

Pobre mundo ya siente la desertificación, ¡qué gran
problema!

La naturaleza sufre los cambios, la contaminación no cesa

El hombre escudriña la tierra en busca de algo que hace su
jornada más fácil y su vida más corta

Se cubra la tierra de gris con el pesado cemento, dejando
atrás el preciado verde, los troncos, las flores

Sufren los pulmones al debilitarse el oxígeno

La naturaleza explota volcanes, quema bosques cansada de
que exploten los recursos que nos brinda y los que
perfumamos con combustibles quemados, fertilizantes que
liberan dañino óxido nitroso que hasta el cielo vuela

Todo está cambiando; perdemos la naturaleza, va
cambiando el clima

"El oxígeno, ¿qué pasa con el oxígeno?", exclamé, mientras
colocaba la mascarilla en mi rostro usando el nebulizador
para dar alivio a mi asma; todo se ha degradado, no sólo la
tierra, también el respirar

¿Qué pasa con las nubes? ¿Qué pasa con el sol? ¿Qué pasará con las aves, los peces, los mamíferos?

Dios mío, era diciembre en Nueva Inglaterra y no estaba frío. Sí, todo está cambiando

¡Algo tiene que pasar! Si comienza la extinción ¿qué pasará con el hombre?

Delio Blanco Sosa

México

***

Afectación al medio ambiente

Hay componentes nocivos
que alteran el medio ambiente
de manera preferente
a la tierra y sus cultivos.
También a los seres vivos
los humanos y animales
contaminan vegetales
que nos sirven de alimento
yo afirmo con fundamento
las consecuencias fatales.

Contaminados los ríos
y el agua subterránea
de manera simultánea
toda clase de plantíos.
Estos grandes desafíos
debieran ser prioridad
en una gran cantidad
lo que se consume a diario
sin un control sanitario
son causas de enfermedad.

Calentamiento global
los incendios forestales
fauna silvestre animales
el daño casi es total.
Muchas veces este mal
es por falta de conciencia

219

pero tengo la creencia
que en esta mi frase encierra:
"Podemos salvar la Tierra
dejando la negligencia".

Químicos, pesticidas
y la desforestación
igual que la radiación
mucho afectan nuestras vidas.
Se deben tomar medidas
los efectos son palpables
aquí no cito culpables
a nadie puedo juzgar
del medio ambiente cuidar
¡TODOS SOMOS RESPONSABLES!

Alejandra Cervantes Estrada

México

***

FATAL

Fuego carcome
incesante la mano
de su creador.

Aire, quemado
arde en pulmones de
carbón enfermo.

Tierra pierde la
fe en su asesino
sangrando savia.

Agua fluye en
las burbujas tóxicas
de humanidad.

Luz, se apagó
en ese globo que se
autodestruyó.

Betty Díaz

Puerto Rico

***

Redención

¿No escuchas el alarido?
Un grito de auxilio constante nos alerta.
La humanidad va silente y ciega.
La Tierra se vuelve otoños.
El viento murmulla quejidos y la Tierra tose.
El filtro de los soldados del bosque no da abasto.
El río se atraganta y escupe plástico y sombras
desde su lecho gris.

Grita el canto del delfín que huye en el mar
clamando un futuro incierto.
Denso el aire que danza de la mano de moléculas pesadas
y asfixia las especies.
¿No son suficientes señales?
Llantos de lluvia queman
la ciudad de concreto y acero.

Maquinaria aceitada pronta a extinguir la bomba de oxígeno.
Gira con dolor el planeta guerrero
que lucha con nosotros y se repone.
Rompe la brea una frágil hierba
como esperanza de resurgir.
La Tierra no se arrodilla e implora por redención.
Que se abra la jaula de la conciencia.

Gabriel Mendoza

Argentina

***

Charcas de la ciudad

Resiliencia en la inundación, abriles que duelen dentro
la radio relata tanto dolor entre publicidad.
Los saberes fueron sorprendidos por imprudencias
viaja la masa amorfa, mojada con tragedias.

Una madrugada despertó la desesperación
el viejo río amigo y la lluvia copiosa se juntaron.
Las aguas como torrentes, por esas calles antiguas
llevaban papeles, fotos, diarios y revistas.

Las escuelas se hicieron hospitales y hoteles
para contener tanto desborde de la inclemencia.
Las canoas navegaban por las arterias sombrías
bogaban socorro, transportando abrigo y comida.

Cientos de vecinos saltaron de su individualismo
para hacerse enfermeros o rescatistas por esos días.
Imágenes de rostros quedarán en algunas memorias
sus retratos mojados se perdieron con el río.

Seres que hallaron la solidaria gratitud
de personas totalmente desconocidas.
Abrazos entrañables, quizás nunca dados
celebran la vida, aún en la evidente desazón.

Mirar desde lejos ese amigo río
que entre sus aguas trajo alimento.
Paisaje amado que inspira poesías
que trajo esta vez, tanta desazón.

223

La lluvia, madre fértil de cosechas
apaciguas los fuegos de los montes.
Amiga entrañable de frutos eternos
un día llegaste en demasía para el pueblo.

Lentamente las aguas retornaron a su lecho
y volvió el sol para empezar a secar las penas.
Tu limo quedó impregnado en techos y paredes
después de que las aguas se fueran por su curso.

Frívolamente se fueron reconstruyendo errores
las medidas tardaron, demasiados dolores.
Se hicieron terraplenes que tapen esta historia
pero para muchos fue la solución muy tardía.

Todos los esfuerzos compartidos
ahora son de lodo y charcas dolientes.
Todo es emprender como de cero
limpiar la impotencia para empezar de nuevo.

Temer el ruido de noches de tormenta
mirar alrededor desconcertado.
Levantarse empapado de ese sudor
que sólo se implora que no se repita.

Volver a reconstruir
ladrillo por ladrillo.
Chapa por chapa se hace techo
el único lugar que los cobija.

La historia guarda entre sus venas
heridas y sinsabores que hieren.
Pero también llena de leyendas la vida
que hacen renacer para volver a vivir.

Los embates de indolencia
marcan en ceños fruncidos.
Las mentes albergan deseos puros
la vida vuelve siempre a florecer.

***

Naturaleza

Muchas vibraciones diferentes y muy tiernas
pasaron por nuestros días de pandemia.
El reloj de arena parecía detenido a sabiendas
sin la cámara lista para captar la belleza.

En el chaco salteño, los inaugurales sueños.
Las piletas, profesionalmente cuidadas
son visitadas por adolescentes carayás
que se regocijan en sus juveniles nados.

Un gracioso aguará guazú deambula
por la nocturna zona prohibida
de grises árboles inmóviles, estáticos
y con suelos duros y resbaladizos.

Los carpinchos son ilustres visitantes
de los "súper" vigilados y exclusivos *countries*.
Van circulando familiarmente, casa por casa
siguiendo la ruta que estaba clausurada.

Los lobos marinos transitan tranquilos
entre tradicionales comedores y teatros.
En las principales avenidas se revuelcan
lugares comunes, ocultos, que antes visitaban.

Extinguidos seres de la naturaleza emergen.
Pasean los excéntricos ciervos de los pantanos

en su interminable delta, hoy invadido; reaparecen
sin correr, como siempre, para no ser exterminados.

Un pingüino se recuesta, plácidamente, en un faro
como si fuera la resurrección de un viejo tango.
La esquina lo encuentra con su frac planchado
deliciosas canciones de amor va cantando.

Las nutrias se sirven de césped y macetas
las que nunca pueden ni siquiera deleitar.
Van circulando cada una de las terrazas
con la paz necesaria para conocer cada lugar.

Ñandúes, iguanas, pumas, pavos reales y tucanes
recorren sin permiso los lugares clandestinos.
Ya no están los depredadores por las calles
en sus jaulas urbanas están cncerrados.

Avistajes increíbles de desconocidas aves.
Perros desorbitados, sin transeúntes para ladrar.
Por las playas vacías, peces nadando sin dudar.
Miles de plantas volvieron a crecer en libertad.

La naturaleza recoloniza sus territorios
volvió a sus lugares tradicionales lentamente.
Ya no se esconden los zorros ni los teros.
Van enseñándote que otra convivencia es viable.

***

Solidaria limpieza

Mateando sólo, contemplando el monte
resabios de una pandemia lúgubre
aturden la siesta las chicharras
y el viento norte aleja las ausencias.

Subyugados por tantos desvalores humanos
van cruzando, lentamente por el campo, los arrieros.
Una motosierra le pone fin a un quebracho
tantos años de crecimiento en vano.

Un tractor va surcando la tierra con su arado
la esperanza en cada semilla es anhelo.
Los hijos contemplan felices estos días.
siguen los ruegos de lluvias para buenas cosechas.

Las topadoras avanzan sin resguardos
son cientos de kilómetros ya arrasados.
La tierra gris es el panorama cotidiano
sobrevuelan avionetas tóxicas para cimentarlo.

Las aves vuelan sin rumbo cierto
van perdiendo sus interminables espacios.
Una fría imagen de refugios desolados
sus nidos terminan en algunos maderos.

Inunda la desavenencia humana
que aleja al hombre de la inteligencia.
Todo se reduce a un mero espacio de transacciones
ante tanta violencia los paisajes son agrestes.

Trabajadores sin tierras a la vera del camino
mujeres cosecheras por la tecnología reemplazadas
familias desplazadas van aumentando las villas
obreros despedidos, sin siquiera ese magro salario.

Abundancia extrema acopiada por pocos
violencia social impregnada por generaciones.
Accesos denegados a los tantos negados
acumulación sin amparo con los medios cómplices.

Entre las calles viejas todo se entrecruza
se desconocen hermanos, vecinos y parientes.
Cada cual se recubre de desmedidas ambiciones
se perdió la solidaria simpleza de la sabiduría.

Sigue la rueca dando las tantas vueltas
se teje y desteje al mismo tiempo las prendas.
Todo está signado de sucesiones inevitables
ladrillo tras ladrillo aumentan las desigualdades.

Tratan de mejorar sus vidas miles de hermanos
van buscando con los demás recostar sus sueños.
La huella ancestral de la sapiencia restituyen
donde, todos juntos, un mundo soberano construyen.

Yajaira Álvarez
Venezuela

***

Carbón, carbón

Me duele la conciencia sin cargos
la codicia que corre en los bolsillos
y explota bosques sin mesura.
La resistencia xerófila se desorienta
bajo el ruido de la sierra
se ovula el exterminio de cujíes, veras, curaríes.
Queman sus maderas día y noche
y solo es un buen negocio
por carbón y más carbón.
Apetito de carbón
corazón de carbón
cielo de carbón.
¡Ay! Parque Nacional Cerro Saroche
sin rostro te asumen
y el bosque larense desaparece.
Paisaje xerófilo, tu respeto
debemos propagar
porque nunca, nunca volverás.

Norys Saavedra

Venezuela

***

Secadal

A mi prima Indira
por la lucha de la tierra

Hay un retiro de laderas
volteadas abajo.
El veneno da golpes al día
deja su canto a los buitres.
El escalofrío de hormigas huye
mil insectos dejan sus cuerpos
cielitos de candela
ramales negros.
Una luciérnaga dice:
sólo se vive un verano.

Doriss Hernández Amador
México

***

Avatar climático

Humano obra antrópica
idiosincrasia negligente
devastación axiológica
hábitat en riesgo latente

¡Has cometido oprobio
contra la capa gaseosa!
¡Combate este agobio
de la muerte silenciosa!

Gas efecto invernadero
dióxido de carbono, metano
genocidio al fiel cordero
temperamento ufano

Oleadas de calor
carcomen el pulmón de la Tierra
hoguera de dolor
de tono ocre se tiñe la Sierra

Desde la Antártida
traslúcida flotante
aire volátil guía su partida
témpano de hielo flagrante

Bajo el abrigo de las olas
travesía de continente
se consume entre amapolas
espada incandescente

Gradiente calor
ampulosa masa tropical
bajo el primer albor
flagelo dominical

¡Vaho! Éter atmosférico
invisible como el viento
instiga tu periférico
copos agitan el firmamento

¡Expansión de calor
movimiento en olas!
Grito desesperado, clamor
marea de fumarolas

Estela de mar bravío
fluido en movimiento
explora su atavío
¡aguarda un gran tormento!

Inmensidad sagrada
¡el universo fiel testigo!
De su propia morada
¡el hombre fiel enemigo!

Inmensidad desolada
reducida a la nada.

***

Perdón

Madre mía
tu vientre materno
gesta una gran humanidad
concibe vida perpetua

En tu regazo
yacen mis hermanos
me pierdo en tu oquedad
otorga paz a este simple mortal

Bendito hontanar
dimana la vida
empero mis hermanos y yo
te hemos deshonrado

Tus luceros
deambulan en busca de su centelleo
tus pómulos se ocultan
entre lluvia de sangre

Mas tu instinto maternal
no se turba

Las arterias de tu corazón
palpitan en el silencio
las arterias de tu corazón
irrigan vida eterna

¡Perdón, Madre mía!
Contra ti hemos pecado
laceramos tu citrino pulmón
que gentilmente insufla aliento

¡Clemencia imploramos!
Prometemos honrarte

Hermanos
exclamemos a una sola voz
respeto y honor
a nuestra Madre Tierra.

Rosaura Tamayo
México

***

Contaminación

El agua se contamina
con químicos, pesticidas
basuras y lluvias ácidas
la pureza se elimina.

Este proceso se estima
donde las plantas nacidas
y estas son alimentadas
a sus raíces lastima.

No infectes si tú no quieres
comer lo que siempre tiras
lo que ya se descompone.

No seas quien siempre ya eres
hagas como que no miras
no seas quien se supone.

Benjamín Milano

Estados Unidos / Puerto Rico

***

EL ÁRBOL

Estoy radiante
fotosintetizando
yo soy un árbol.

Logré escapar
de una simiente mágica
en primavera.

Acariciaba
la tierra mis raíces
en el estío.

Repentizaba
para mí el tiempo, trovas
de luz y lluvias.

Batallé enérgico
contra implacables ráfagas
de pie me encuentro.

Obsequio frutos
a ardillas, gente y pájaros
el aire filtro.

Los sabios astros
me inician cada noche
en ritos cósmicos.

Juan Camacho

Puerto Rico

***

El sostén de nuestro cielo

El cielo está sostenido por los árboles.
Si el bosque desaparece,
el techo del cielo del mundo se derrumbará.
La naturaleza y el hombre perecerán juntos...

Pensamiento indígena

Nuestro aire purifican
absorben contaminantes
dan la sombra a caminantes
y los vientos modifican.
Nuestros rostros abanican
en gesto de bendición
son la más grande expresión
de servicio y de bondad
son la gran necesidad
de esta y cualquier nación.

Evitan que nuestros ríos
se llenen de sedimentos
nos proveen alimentos
y nos sirven de atavío.
Llenan espacios vacíos
de las calles y avenidas
siempre dan la bienvenida
a la lluvia refrescante
son los fieles fabricantes
del oxígeno de vida.

***

Décima al agua

Agua que a mi Isla bañas
desde las más altas nubes
que caes y que luego subes
orgullosa de tu hazaña.
Agua que con dulce maña
llenas ríos y riachuelos
que percolas en el suelo
para formar manantiales
agua que corre a caudales
producto de nuestro cielo.

Agua que te precipitas
sobre llanos y relieves
en lluvia, granizo o nieve
según el clima te invita.
Agua que nos facilita
y nos da grandes consuelos
para que con firme celo
hagamos buen uso de ella
el agua es una estrella
producto de nuestro cielo.

Agua que brindas la vida
a nuestros seres vivientes
pero que a veces disientes
y nos das la sacudida.
Agua que corre atrevida
sin temor y sin recelo
eres el más frío hielo
y el más caliente vapor
eres dulce sin sabor
producto de nuestro cielo.

Agua que vivió la historia
de dos tristes invasiones
donde hombres y galeones
llegaron en vanagloria.
Agua que gira en la noria
de nuestros grandes anhelos
cuerpo dulce y caramelo
que endulza nuestra Nación
agua, eres bendición
producto de nuestro cielo.

Nanim Rekacz

Argentina

***

Mandaciertos

No desertificarás.
No le extraerás a la tierra sus retoños salvajes
ni extirparás su monte
tampoco harás leña con los bosques nativos.

No soltarás el ganado en los cultivos
aunque el precio de la carne
sea más lucrativo que los cereales y las hortalizas
ni lo alimentarás en prisiones de engorde
macerando su muerte.

No quemarás los pastos
para sembrar monocultivos
genéticamente elaborados
que agotan los nutrientes.

Resignarás un poco de ganancias ahora
en beneficio de mañanas que no vivirás.

Cuidarás el agua
y el aire
evitarás la ruptura de la cadena de seres vivientes
y la humana descendencia
(propia y ajena)
disfrutará la herencia
sin maldecir tu nombre.

*Publicado en *FUEGO*, Lamaruca Gesta Cultural Vitrata, Puerto Rico, 2018 y *MAREAS*, Ediciones Mis Escritos, Argentina, 2024

Jorge Soto

Puerto Rico

***

Green Spectacle

Tal compañía busca
reducir su huella de carbono
a tanto por ciento, en tal año
no recuerdo, pues no le creo.

He visto los videos
de niños en fábricas podridas
donde confeccionan la ropa
de mi persona dormida.
Nada concuerda
me recuerda
a las Nike en mis pies
¿cuánto cobrarán al mes?

It's all a game of chess
van pa' Marte a salvar el planeta
¿no debe ser al revés?
Billones, creo, pagan por naves
espaciales
especiales
y no les sale
erradicar la hambruna completa
y concretar servicios esenciales.
Supongo que no es su meta
it's all a mess.

***

¿A quién le toca?

Comencé el año en la playa.
Sumergido en el oleaje
inocente de la gran
Jobos, Isabela.

Anfitriona cortés
tatuada por el Sol:
circulitos inquietos
en la arena del fondo.

Las palmitas, el *açaí*
todo una delicia.
Música diversa
cultural y propicia.
Allegados vacilan
surfers oscilan.

A la derecha
en una roca
choca una ola.
Salta el agua
y la espuma
se desliza
por la panza de su traba pedriza.

Chula, indefensa
en su ciclo natural.
Un espectáculo gratuito
que debemos disfrutar.
Miro a mi lado y me da con preguntar...
¿A quién le toca?
¿Quién te va a cuidar?

Fundaciones sin fines de lucro.

Porque, claro
no dependen
del gobierno.
Pues lo cierto
es que
lo atienden
fácil
las venden.

¿Cuán difícil será entender?
¿La educación lo podrá resolver?
¿Se creen superiores a la Naturaleza?
Esta belleza...
Es tan fácil como recoger.

Sería una pena
tener evidencia
de que los gringos
tienen más consciencia
cuando se trata
de botar sus latas
de llevarse su basura
de usar la razón
cuando ven el zafacón
desbordado.

***

...Y ya

Se desgarró la pared
de la realidad
El cielo entreabierto revela
en medio de sus esquinas
blancas dobladas
oscuridad e infinito

Tus ojos
en el televisor
Tu cuerpo
en la ducha
El piso
se rompe

Ni temblor
ni aviso
ni grietas

Tu negación no convence
el universo no te escucha

El vacío te succiona
a un descenso vertiginoso
perseguido por escombros
arquitectónicos
y una vorágine de flamboyanes, hojas, ramas
gatos, perros, cotorras, coquíes
abejas, ríos, playas...
Todos desprendidos
de sus colores
que se licúan
y terminan
en un vómito
solidificado
que guinda firme
en el borde del planeta

Ya no puedes sacar tu celular
no tienes esa opción
recuerda tu respiración

Por fin ves
más *Homo sapiens*
caer poco a poco

Aunque no puedes ver
el origen y te desintegras
Terminan en partículas
esparcidas en la tiniebla

Ni bomba nuclear
ni meteorito
ni Big Bang

Ni ángeles
ni cielo
ni infierno

Ni escuchaste las trompetas.

Sandra Hernández Garduño

México

***

La naturaleza

Desde el fondo de mi corazón
late un amor profundo por la Tierra
un amor que me conecta con cada rincón
con cada árbol, con cada río, con cada montaña.

La naturaleza es mi hogar, mi refugio
mi lugar de paz, mi fuente de inspiración
donde puedo encontrar la belleza y la armonía
donde puedo sentir la conexión con algo más grande.

Pero veo que la Tierra está sufriendo
que la naturaleza está llorando
que el planeta está muriendo por nuestras acciones
por nuestra indiferencia, por nuestro egoísmo
y nuestra falta de conciencia.
Así que te pido, hermano, hermana
que te unas a mí en este llamado
a cuidar la Tierra, a proteger la naturaleza
a preservar el planeta para las generaciones futuras.

No es solo un deber, no es solo una responsabilidad
es un acto de amor, es un acto de gratitud
porque la Tierra nos da tanto, nos da la vida
nos da el oxígeno, nos da el agua, nos da la comida.
Así que ¡vamos a actuar! ¡Vamos a hacer nuestra parte!
para cuidar la Tierra, para proteger la naturaleza
para preservar el planeta para las generaciones futuras
para que puedan disfrutar de su belleza y su armonía.

***

Un grito de auxilio

El planeta clama a gritos
por cuidado y atención
si no ayudamos al cambio
vendrá muerte y destrucción.

La Tierra espera paciente
¡paren la contaminación!
Porque el daño al medio ambiente
no concederá perdón.

Aniquilan los recursos
con desastres forestales
y nos dejan sin los árboles
de los bosques tropicales.

No queremos escuchar
y no tomamos conciencia
la Tierra habla, nos susurra
nos grita, sangra y se queja.

¿No has visto su enojo acaso
cómo ruge fuerte el mar?
¿O el grito desaforado
cuando despierta el volcán?

Cuando vienen las tormentas
los gritos de inundación...
¡Son los rayos y los truenos
el rugir de su interior!

Las temperaturas suben
y los polos se deshielan
los árboles son talados
¡años para crecer llevan!

¿Para qué nos sirve el oro
si contaminan los mares?
¿Para qué sirven riquezas
si en la Tierra no habrá nadie?

¡Basta de hacernos más daño!
En la Tierra plantemos más vida
con sueños, con esperanza
a favor de la ecología.

Cuida a nuestra madre, la Tierra
porque ella todo nos entrega.
¡Protege a la naturaleza
la vida y toda su belleza!

No cortemos los árboles porque
son nuestros pulmones.
No arranquemos las flores
porque son nuestros verdores.

Hay que ponerse a pensar.
Cuidemos el medio ambiente
no seamos indiferentes.
¡Es momento de cambiar!

Marisandra Capobianco

Italia

***

El campo

Ha llegado el invierno.
En este período la naturaleza descansa.
En el aire no hay aroma de flores
ni siquiera sus colores adornan el camino.
Los árboles están sin ropa
y los campos esperan la primavera
para hacer crecer las semillas
que se sembraron en sus entrañas.
Mientras camino sobre la tierra
que por años mi suegro se ocupó de arar
y sembrar miles de plantas de tomate
que luego llevaría al mercado
y de esa venta obtener el dinero
que servía para su familia.
Lo recuerdo agachado sembrando
recogiendo tomates, berenjenas,
pimentón, caraotas, calabazas
y sacando la mala hierba
que podría arruinar el cultivo.
Me acuerdo de su preocupación
cuando llegaban los aguaceros
o cuando se temían heladas nocturnas
porque toda la siembra se podía perder.
Me acuerdo cuando en el mes de agosto
pasábamos algunos días

a preparar las botellas con la salsa de tomate
que serviría como reserva para el invierno.
A la tierra hay que dedicarle amor y tiempo.
Es un trabajo agotador.
Se suele decir que la tierra te entierra.
Amemos la tierra y ella sabrá compensarnos.

***

Aguacate

Al árbol debemos solícito amor, jamás olvidemos que es obra de Dios...

Himno al Árbol, Venezuela

En el campo tengo un hermoso árbol de aguacate.
Es muy alto y tiene ramas frondosas que nos dan sombra.
La semilla de este aguacate llegó a Italia desde Venezuela.
La trajo mi padre de vuelta de su amada Tierra de Gracia
en 1983.
Mi suegro quiso probar a sembrarla.
Era difícil pensar que pudiera crecer aquí
donde el clima no era igual al de Venezuela.
Por los cuidados suyos y de su esposa
lograron que creciera fuerte
y que nos diera cada año muchos aguacates.
El árbol tiene ya más de 40 años
los años que mi esposo y yo estamos juntos.
El día que deje esta vida quiero que me entierren a sus pies.
Él cuidará de mí.
¿Quién hubiera apostado a que una semilla
que vive en un clima tropical
hubiera podido crecer en otro clima sin invernadero?
Todo es posible si amamos
y respetamos a nuestra Pachamama.

Pero el hombre quiere explotar cada vez más
esta hermosa Tierra.
Obligarla a producir más de lo que sus entrañas son capaces.
Por eso usa pesticidas y fertilizantes químicos.
Además, el hombre ha envenenado nuestra Pachamama
escondiendo dentro de ella residuos tóxicos.
Estos terrenos en Italia se llaman *terra dei fuochi*.
El hombre no ha entendido que no tiene el derecho
de destruir algo que le ha sido regalado con amor por Dios.

Jaime Agustín Ramírez

México

***

Ixchel

Paladeo el sutil extracto de la esencia
curativa que se adentra en tu ser.
Sucumbo al suplicio de tu belleza
y ecuánime al son del vacío en un soplo de sosiego.

Cada instante es una retórica en la retrospectiva
de nuestra dualidad, pero al final tomo vuelo
y siento el devenir de tu fragilidad.

Me pregunto a dónde voy, porque trasciendo
en un levitar pleno y trashumante en un mañana
que no sé a dónde me dirige.

Vislumbro que hay armonía y dolor
el tiempo llama como el destino
me acerca en un mar de injusticia.

Lloro y bebo de esa agua mística
con la que sucumbe el desconsuelo.
Despliego las velas del barco que
llamo esperanza, mientras los dioses llamen
puedo trascender lo que siento en cada
palabra de mi estirpe.
Puedo pedir a Ixchel que cure nuestro paso
el mañana es relativo e incierto.

***

Tlaltecuhtli

Miro al horizonte y me es imposible
no pensar en el mañana.
El mañana se vuelve relativo
y la nada mi compañera.

Yo le cuento mis historias como ella a mí
y termina odiándome porque ya no soy de ella.

Tengo las manos agrietadas como mi boca.
Ya no hay refugio ni un cobijo por cielo.
Te marchitas en mis manos.
Creo que sueño y temo despertar en un ocaso sin ti.

Nancy Santiago Capetillo

Puerto Rico

***

En la playa

¿Qué hacer?
Recorrí hoy la playa
y la encuentro tan distinta
pues no es como en el recuerdo
de mi pasada niñez.
Hoy camino entre papeles
las latas y los desechos
basura y plástico flotan
en la orilla sin cesar.
¿Qué dejaré a los que siguen?
Si no hago algo muy pronto
nada que valga les voy a dejar.

***

Ya se acerca

Ya se acerca la tormenta
o será el huracán
no importa cómo la mientan
la perciben como un mal
pero es un mal remediable
tiene siempre su bondad
de dejarnos muy pensantes
en nuestra humanidad.
Si es huracán, me recuerda
que me tengo que preparar
para los días subsiguientes
que demuestre mi sitial.

Si es tormenta, trae sus rayos
sus lluvias y sus vientos
pero son más llevaderos
que cuando es huracán.
No se sabe si es que viene
o si se queda atrás
lo importante es que imploremos
a Dios por su gran bondad.

***

¿Qué pasará mañana?

Tierra Madre
verdor infinito
que se extiende al horizonte.
Verde valle, verde ladera, verde montaña.
Tierra Madre
semilla en ti se vuelve futuro... Promesa de futuro.
Verde-rojo, verde-naranja
verde-amarillo, verde-azul
destello de primavera a cada paso.
Tierra verde, verde Tierra
verde ayer, rojo mañana.
Tierra verde, verde Tierra:
sollozo de inocencia que brota en mil colores.
Dañamos tu presencia sin darnos cuenta
que lo que dañas hoy te faltará mañana.

Luccia Reverón

Puerto Rico

***

Carencia de ti

Te busco a cada paso
jadeando sin cesar
anhelando tenerte
como antes...
¿Dónde, dónde estás?

Me faltas
¡no puedo respirar!

Quemas de gomas
petróleo
volcán en erupción.
Fuegos forestales
productos en aerosol...

Entorpecen, asfixian.
Todos en conjura.

Mas la mano humana
podría detener
con conciencia absoluta
este mal, esta maldad
si escuchara que el aire
intenta gritar ¡sálvame!
¡Libérame de morir asfixiado!

***

Un llamado sin voz

Pasé por su lado
y tuve que detenerme
para tocarlo.
Su tronco me invitaba
a sentir su fuerza.

Cerré mis ojos
y un abrazo hermano
brotó de mí.
Sus ramas se agitaron
cayeron hojas
como lágrimas.

Admiré su verdor
la frescura que brindaba
oasis de mi alma.

Me acostumbré a él
y pasaba para abrazarlo.
Respiraba su energía
como caricia tierna
de mi espíritu
el alimento.

Y una tarde cuando llegué
vi que todo había cambiado.
En su lugar estaba
una huella gigante
y mi llanto desesperado.

¿Quién?
Se atrevió a matar
a mi árbol que se convirtió
en mi amigo

el que pureza me regalaba
tanto en primavera como en otoño
en verano como en invierno.

¿Quién?
Con su mano afilada
trazaba líneas rectas cortando
sin piedad su corteza
e hiriendo la sombra en la tierra.

¿Podrá el recuerdo del árbol
concienciar al humano?
De su crueldad
de lo que quita
de lo que deja
de su ambición.

¿Podrá detenerse y no lastimar
el futuro de sus hijos
de sus hermanos?
O podrá, algún día, sentir
la esencia de mi árbol.

***

Recuerdo de una playa

Recogía caracoles
en la arena
reía a carcajadas
al jugar con las olas.

Mis manos intentaban
la espuma aprisionar.
Y mi rostro
se llenaba de alegría.

Mucho tiempo ha pasado.
Mas todavía lo recuerdo...

Hoy, de adulta
la risa se contrae.
Nace la tristeza.
Se nublan mis ojos.

Recojo papeles
ya no hay caracoles.
Plásticos blancos se
confunden con las olas.

Tristeza por risa
cubre mi rostro
¿para qué recordar?

Margaret Sandoval

México

***

Si hablaras, Madre Tierra

Madre, si hablaras el viento
sí, tu viento, nuestro viento
hay que purificar.

Madre, si hablaras el agua
sí, tu agua, nuestra agua
hay que limpiar.

Madre, si hablaras la tierra
sí, tu tierra, nuestra tierra
hay que conservar.

Madre, si hablaras
susurra al más
insignificante humano
sí, tu humano, nuestra humanidad
que juntos se ha de lograr.

***

Ayúdame

Dolorosa situación
expresa mi Madre Tierra
sucia la dejamos
cuando de plástico queda
ocultar verdaderos daños.

No permitas que continúen
toma la mano de otros
a descontaminar cada rincón
miedo acecha a la humanidad
ilusión realidad desbordada
nunca más permitas el daño
acuérdate, es nuestra protectora
rica en bendiciones y alimento.

***

Nos estamos matando

Si mi Madre Tierra hablara
pediría que no la destrocen
ni le marquen heridas
mucho menos alteren sus ciclos.
Esa plaga de químicos
intoxican, envenenan sus aguas.
Plegaria pido al humano que
derrocha poder destruyendo
a mi Madre Tierra.

¡Ella dice "cuida de mí"!
El viento con su fuerza jalará
al brazo que lo contamina.
Los volcanes enojados despertarán
las lluvias limpiarán.

Hermano, ayuda a mi Madre Tierra
retorna a tu sentido de vida.
Somos uno, pero para salvarte
Madre Tierra, somos una multitud.

Ana Delgado Ramos

Puerto Rico

***

La naturaleza

La vida es una carrera donde no aparece el fin
hasta que la naturaleza grita
cambiando el calendario de los humildes
los ricos, los artistas
los que cantan, los que gritan
los que callan para no fingir
una pausa donde parece que deja de girar la Tierra
que el Sol se esconde para darle espacio al viento
El coquí desaparece...
El miedo lo hace esconderse, no se atreve ni a cantar...
Calla, calla

Ruge el mar invadiendo a la tierra
comenzando a rugir como un grito de guerra
huyen los reptiles para no ser capturados
huye el hombre para no morir ahogado

Domina el miedo con la amenaza de la naturaleza
cuando su ira desborda los mares y desliza a las rocas
se disuelve el tope del monte, lamiendo laderas de roca
que bajan como osito mojado
para impedir el paso en la carretera

No hay grandeza que valga cuando enfurece la naturaleza
no escoge, ni espera, solo expresa su furia
su sentir sin piedad por quien aterrado
ni a suspirar se arriesga

Las noches amargas, con vientos tan fuertes
que vencen a barcos con mástiles fuertes
venciendo a los hombres valientes
que en sus desafíos se arriesgan y mueren

Culpan al huracán, a la tormenta, al mar, al viento...
A la naturaleza que había callado mucho
se cansó tanto, tanto; tanto desorden y abuso
decidió vengarse, sin medir el juicio

El calentamiento global comenzó a cambiarlo todo
la naturaleza ya se ha rebelado
advirtiendo al hombre que ya no le aguanta
el que haya ignorado su poder y fuerza.

***

Me he vestido de nube

Hoy me he vestido de nube
el Sol ha renunciado a ser mi sastre
ha tirado sus rayos por la angustia que le provoca
la lluvia descontrolada y constante
el Sol también se cansa de sus luchas

Como también se ha cansado el agricultor
de sufrir su ausencia, mientras la lluvia constante
se ha convertido en enemiga de ambos
causándoles dolores y daños

Sin el Sol, los frutos no maduran
con el exceso de lluvia pierden la textura
el color, el sabor, se convierten en basura

"¿A quién culparemos?", se pregunta el niño
la respuesta llega de expertos en el tiempo

"se debe al cambio climático", dicen muy atentos
que todo ha cambiado, que no lo ignoremos

El clima es caprichoso entonces
la sabiduría del anciano explica
es que vivimos destruyéndolo todo
la naturaleza se rebela y grita

El plástico que tiras no se queda allí, camina
en su caminar atasca alcantarillas
obstruye desagües, desviado por la corriente del río
termina en los mares

En su enojo, el mar se retira lejos
mas cuando regresa, cargado de ira
lo destruye todo, incluyendo vidas

Aprender a vivir con mesura
creando conciencia de que la vida es una
no puede destruirse todo lo que tenemos
no tenemos tiempo de construir un mundo nuevo

Cuidemos del planeta reciclando desechos
cuidemos del mar que es tan hermoso
no tiremos basura, la tierra cultivemos

Con plantas, raíces, árboles y flores
hagamos un mundo lleno de alegría
sin temor al tiempo, ni a las tempestades
disfrutando juntos de un clima amigable.

Nora Cruz Roque

Puerto Rico

***

Grito inicial

Mi terruño sufre
grito y tal parece que nadie me escucha
¿será que con tantos ruidos mi voz se apaga?
Sigo y seguiré gritando por los que callan

Mi suelo patrio sufre
en pocos años comenzará a morirse
ya no existe un rincón para esparcir las malditas cenizas de
carbón

Mi tierra borinqueña sufre
las muchas fábricas siguen derramando sus toxinas
los niños, los ancianos, muchos ya no pueden respirar

Madre Tierra sufre
los frutos y la flora son tratados químicamente
y ya contaminados solo daños nos ocasionan

El Planeta Tierra sufre
¡Un alto tenemos que dar!
¡Las cenizas de carbón no pueden dañar nuestros suelos!
¡La falta de respeto a la fauna y a la flora tiene que cesar!
¡Las fábricas contaminantes tienen que cerrar!
¡La humanidad entera tiene que colaborar!

***

Añoranzas

Anoche soñé que Mamá Tierra me hablaba
en su voz se reflejaba un sabor amargo como el anamú
triste me recordó cómo fue mi niñez
aquellos días en el campo con Abuela Juana y Abuela Inés
temprano corríamos al río para un baño rico y sano
Abuela lavaba y las mujeres cantaban
y allí debajo del árbol de mangó, mirábamos al horizonte
todo claro en verdes y azules, extasiados
reposando en aquel paraíso

Ya el río no existe, seco está y abandonado
le cambiaron su caudal para una nueva carretera
el árbol de mangó te fue arrebatado
su sombra ya no está y el horizonte luce turbio

Y me duele pensar que soy parte de tu dolor
que no he luchado con tesón para defender tu terruño
por eso hoy te digo que voy a bregar
con las fuerzas que me queden
para limpiarte, asearte y amarte con locura
pues eres Mamá Tierra, la que me das vida con ternura.

***

Mujer-Isla

¡Cómo te maltratan, cómo te lastiman!
¿Es acaso porque te creen débil, sumisa?
¡Cómo te maltratan, cómo te lastiman!
¡Responde! ¡Protesta! ¡Grita!
¿Qué pasa contigo, Mujer-Isla?
Desgarran tus colinas
tu verde se marchita
y tú no dices nada mientras te hacen trizas

¡Cómo te maltratan, cómo te lastiman!
Es por el bien del futuro de nuestro país
dicen los que solo ven dinero y porvenir
¡Qué dinero, qué porvenir!
Te siguen rompiendo, desgarrando
y no escuchan tu gemir

Un día alguien gritó: ¡Despierta, boricua!
Hoy decimos: ¡Defiende tu suelo, es tu Madre Patria!
Es la mía también
basta ya de atropellos, no la hagan sufrir
dejen su verde tranquilo
dejen su color tierra nacer
es mi Patria, es mi suelo
en donde pude nacer
donde quiero que otros nazcan
y sean abrigados por esta Tierra Madre
por esta Isla-Mujer.

Bella Martínez

Puerto Rico

***

AGUA LIMPIA

Atesoremos
el preciado líquido
sin él no hay vida.

Guardemos siempre
prudencia al usarlo
sin malgastarlo.

Urgente salvar
los embalses de agua
sin contaminar.

Agua bendita
origen de la vida
omnipresente.

Limpia es segura
todos la requerimos
sucia no sirve.

Incalculable
el regalo natural
fuente de vida.

Maravillosa
escenario de aves
hogar de peces.

Paz que conecta
la corriente sonora
río abajo va.

Incomparable
la belleza del río
si es cristalino.

Altruista es
el agua que has de beber
y saciar la sed.

Geonela Lamboy Vélez

Puerto Rico

***

BIODIVERSIDAD

Balancean y
evolucionan para
poder existir.

Ignoramos el
hecho que solos no
podemos vivir.

Olvidamos que
dependemos de todos
para respirar.

Diversidad de
especies, cada uno
tiene una función.

Ignoramos que
no somos los únicos
con propósitos.

Variedad para
resistir a los cambios
y sostenernos.

Existir versus
coexistir es morir
frente a vivir.

Reciclan nuestros
desperdicios, pongamos
de nuestra parte.

Somos parte de
un ciclo, todos nos
necesitamos.

Ignoramos las
consecuencias de nuestra
cotidianidad.

Despierta, somos
cada vez más finitos
nos agotamos.

Auxilio, nuestra
especie no podrá y
se extinguirá.

Diversidad es
clave para continuar
sobreviviendo.

Solimar Ortiz Jusino

Puerto Rico

***

Nieve gris

Al Campamento contra las Cenizas en Peñuelas

Caen chubascos de angustia
en la tierra llena de nieve gris.
Andan descalzos los niños
corriendo despavoridos
a moco tendido, desesperados
desalmados, desesperanzados
colonizados...

Es que le han robado la mañana
a la Tierra que no para de girar.
Secuestraron el aire
y se lo llevaron en unas letras
llenas de veredictos firmados
por gentes que no son mi pueblo.

La nieve gris es protegida
y mi pueblo grita con una sola boca.

La nieve gris se dispersa
pulmón adentro
como una cámara de gases.
El Holocausto se mudó a Peñuelas y a Humacao
mi Isla se vistió de la Alemania con cincuenta estrellas.

La nieve gris tiene permiso
de entrada en mi casa
en mi vientre
para comernos vivos desde las entrañas.

Por cada grano de nieve
pagarán cada uno de sus protectores.
Pues la resistencia sigue al frente
y no hay quien la pare.

Carmen Chinea Rodríguez

España

***

El Maestro Gris nunca miente

"El Maestro Gris nunca miente"
eso dijeron los hombres sombríos de ojos vacíos.
El Maestro no miente...

Pero me asaltan las dudas, Maestro...

¿Por qué, amiguito?
Confía, haremos de este mundo algo mejor.

Sí, lo sé, confío.
Pero Maestro, ya no veo el cielo estrellado desde mi ventana
las luces excesivas de la ciudad lo impiden.
Ya no cae la nieve serena sobre mi cara
cada vez el invierno tarda más en llegar
ya no viene cargado con la llluvia divina.
Los amaneceres son opacos
y el ocaso perdió su belleza en medio de tanto humo.
Los científicos han advertido de esto hace décadas, Maestro.
No, amiguito. Son habladurías de charlatanes.
El planeta tiene sus ciclos y sus recursos son nuestros
sus dones nos han sido otorgados.
Pero si no lo cuidamos
si agotamos los recursos, no durarán...
Sí para nosotros; quizá tendrán que morir unos pocos.
¿Pero qué dices, Maestro?
La humanidad es una
y debemos luchar juntos por el bien de todos.

¡Jajajaja! No seas ingenuo, pequeño
tú eres uno de los nuestros.
Pero, Maestro, si seguimos así
ni los nuestros podrán sobrevivir. La Tierra agoniza...
Te confieso que estoy preocupado.
No te preocupes, amiguito
seguiremos enriqueciéndonos quemando fósiles
monopolizando el agua
destruyendo selvas
contaminando océanos...
Y si algo va mal
compraremos las tierras heladas del Norte.

Marcela Beatriz Viotti
Argentina

***

TIERRA

Tiempo de parar
la diaria fumigación:
no contaminar.

Inundaciones
desmonte para sembrar
y pastorear.

Ecosistemas
están amenazados
en sus riquezas.

Recuperar ya
nuestra biodiversidad
sobre la Tierra.

Ratificar el
pacto colectivo de
supervivencia.

Ambiente sano
como derecho vital
en nuestro hogar.

***

Reclamación

Cuando las inundaciones
la Tierra pide
que cesen los desmontes
y deforestaciones.

Cuando las olas de calor
la Tierra demanda
que disminuya la emisión
de gases por la actividad humana.

Cuando los incendios
la Tierra interpela
sobre el cambio climático
y su negativa consecuencia.

Cuando las sequías
la Tierra requiere
recuperar ecosistemas
con equilibrio estable.

Cuando la contaminación afecta la vida
la Tierra ruega
que el progreso
no sea retroceso.

Cuando las señales de alarma son evidentes
la Tierra solicita
políticas compatibles
con los ciclos de la naturaleza.

Cuando la supervivencia está en peligro
la Tierra exige
que se reconozca el derecho humano
a un saludable medio ambiente.

***

No en mi nombre

No en mi nombre
naturalizar el daño
producido por los agrotóxicos
sobre el ambiente.

No en mi nombre
ignorar los efectos
sobre los pueblos fumigados
y sus comunidades.

No en mi nombre
concebir el alimento
producido con veneno
que enferma a la gente.

No en mi nombre
brindar por la salud de los
mercados, ignorando
la muerte.

No en mi nombre
venerar el dinero
echando al olvido
un planeta habitable.

Sí en mi nombre
reivindicar el cuidado y el
trabajo colectivo de la tierra
preservando nuestra supervivencia.

Los Derechos Humanos son la expresión del respeto fundamental del que es digno todo individuo. El respeto debe ser la base de toda relación humana y debe ser recíproco. Como personas, le debemos respeto al prójimo y nos merecemos que se nos respete también. De igual manera, como comunidades, respetamos a las autoridades y exigimos respeto de su parte. Los Derechos Humanos existen para garantizar ese respeto.

Patricia Schaefer Röder